AF478613

Patrizia della Porta

Una fotografia è un segreto di un segreto.
Più ti dice e meno sai.

A photograh is a secret about a secret.
The more it tells you the less you know.

Diane Arbus

Mu-seum

4 musei, 4 elementi
4 Museums, 4 Elements

Patrizia della Porta

Testi di / Texts by
Paolo Castelli
Patrizia della Porta

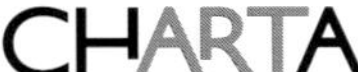

CHARTA

Progetto grafico / Design
Gabriele Nason

Coordinamento redazionale / Editorial Coordination
Emanuela Belloni
Elena Carotti

Redazione / Editing
Giorgia Kapatsoris
Charles Gute

Traduzione / Translation
Emily Ligniti

Copy e Ufficio stampa / Copywriting and Press Office
Silvia Palombi Arte&Mostre, Milano

Grafica Web e promozione on-line
Web Design and Online Promotion
Barbara Bonacina

Copertina / Cover
Guggenheim Museum, New York
Variazioni sul tema 11 / Variations on the theme 11, 1981

Retro di copertina / Back cover
East Building National Gallery of Art
Variazioni sul tema 6 / Variations on the theme 6, 1981

Edizioni Charta
via della Moscova, 27
20121 Milano
Tel. +39-026598098/026598200
Fax +39-026598577
e-mail: edcharta@tin.it
www.chartaartbooks.it

Printed in Italy

Fotografia Italiana è nata a Milano nel maggio 2003
per iniziativa di Nicoletta Rusconi.
Fotografia Italiana was founded in Milan in 2003
by Nicoletta Rusconi.

Fotografia Italiana
corso Venezia 22
20121 Milano
Tel. +39-02784100
Fax +39-0277809369
e-mail: info@fotografiaitaliana.com
www. fotografiaitaliana.com

Patrizia della Porta
Mu-seum: 4 musei 4 elementi

Milano, Galleria Fotografia Italiana
22 settembre - 28 ottobre 2004
September 22 - October 28, 2004

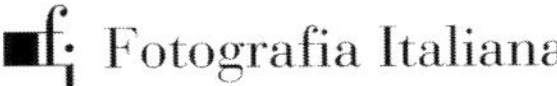 Fotografia Italiana

Progetto e direzione artistica
Project and Creative Consultancy
Fabio Castelli

Ufficio stampa / Press Office
Ilaria Barbieri Marchi

Immagine grafica coordinata di
Graphic Trademark of Fotografia Italiana
Francesco Dondina

L'artista desidera ringraziare/The artist wishes to thank

Ieoh Ming Pei
Earl A. Powell III
Sarah Greenough
Marge Neikrug
Kaarin Lemstrom-Sheedy
Cesar Pelli
Nicoletta Rusconi
Fabio Castelli
Shades of Grey

Uno di questi giorni ho intenzione di pubblicare
un libro di tutte le immagini che non ho scattato.
Sarà un grande successo.

One of these days I am going to publish
a book of all pictures I did not take.
It is going to be a huge hit.

René Burri

Sommario / Contents

La fotografia architettonica può comportare lunghe attese; l'edificio diventa una specie di meridiana, mentre si aspetta che l'ombra si allontani da un particolare, che la massa e l'equilibrio della struttura si rivelino in una certa maniera.
William Gibson, Il continuum di Gernsback, in La notte che bruciammo Chrome

La fotografia di Patrizia della Porta è capace di catturare l'anima di un edificio.
Ieoh Ming Pei

Le fotografie di Patrizia della Porta non sono solo belle intrinsecamente ma catturano anche l'essenza dell'architettura: la precisione, l'eccitazione e la chiarezza...
Cesar Pelli

Queste due brevi dichiarazioni di stima di due grandi maestri dell'architettura contemporanea ci consentono di prendere in considerazione uno dei nuclei centrali della poetica di Patrizia della Porta: la traccia di uno "scrutare" il mondo e le sue forme apparenti, quasi a ricordarci che le facciate e gli interni degli edifici da lei ritratti non sono altro che le interfacce simboliche dell'interiorità di ogni progetto.

Come suggeriva Le Corbusier: "Le dehors est toujours un dedans" (L'esterno è sempre un interno). Ed è questo "dedans" che ha interessato l'autrice nel tentativo di cogliere l'anima segreta (o apparentemente invisibile) delle opere dei grandi architetti (Wright, Breuer, Pei, Gehry, Pelli, Piano, Scarpa, Libeskind, Tange, …) ma anche degli edifici considerati più anonimi che il suo scatto ha tentato di esplorare.

Un secondo elemento caratterizza il lavoro di Patrizia della Porta: la serie, il gioco prospettico e concentrico delle "variazioni sul tema" che configura l'atto della *detection* fotografica.

E, forse, questa metafora della *detection* compiuta dall'"occhio privato" non è così lontana dall'operare della fotografa che compie sopralluoghi, osserva, scruta, mette in relazione, ricompone puzzle...

Scrive a questo proposito Roberto Nepoti, riferendosi all'universo cinema – ma la citazione è naturalmente da applicare alle routine investigative dell'artista:

"Il detective si muove quasi sempre attraverso pochi luoghi, *percorsi circolarmente*. Anche l'universo psicologico dell'indagine è circolare e labirintico ed esige che l'investigatore si serva, per fare affiorare la verità, di un procedimento analogo a quello psicanalitico..." (Roberto Nepoti, *La poetica degli eroi*, p. 187).

A questo trattamento psicanalitico Patrizia della Porta – nelle innumerevoli sedute di osservazione, di contemplazione, di meditazione – ha sottoposto gli oggetti architettonici, prima di usare il bisturi della macchina fotografica, prima di scoccare (a mano libera) la freccia/scatto zen del suo "inquadrare".

Mu (vuoto)

Il vuoto non è il niente, è creativo. Produce, fa nascere ogni cosa, è origine, è fine.
In Occidente è perdita, non essere, assenza, è negativo. In Oriente è sacro.
Yves Klein, Il vuoto, esposizione, Parigi 1958

Un terzo riferimento è rilevabile nella ricerca di Patrizia della Porta: la matrice minimalista e zen del proprio universo che si risolve in una compenetrazione tra composizione rigorosa, astratta, trasfigurativa della materia (illuminazione, bianco e nero, geometrie, linee, texture, pattern...) e ricerca esoterico-simbolica (in questo progetto: quattro diversi elementi segnano quattro diversi musei

Sguardo, serie, vuoto
Paolo Castelli

Architectural photography can involve a lot of waiting; the building becomes a kind of sundial, while you wait for a shadow to crawl away from the detail you want, or for the mass and balance of the structure to reveal itself in a certain way.
William Gibson, "The Gernsback Continuum" in *Burning Chrome*

Patrizia della Porta's photography is able to capture the soul of a building.
Ieoh Ming Pei

Patrizia della Porta's photographs are not only beautiful in themselves, but they also capture the essence of the architecture: the precision, excitement and clarity….
Cesar Pelli

These two short statements of esteem by two masters of contemporary architecture allow us to consider one of the central nuclei of Patrizia della Porta's creative poetics: the clue that is left behind her "probing into" the world and its visible forms—almost as if we are reminded that the façades and interior spaces of buildings she portrays are nothing other than the symbolic interfaces of the interiority of every project.

As Le Corbusier suggested: "Le dehors est toujours un dedans" (The exterior is always an interior). And it is this "dedans" that has caught the attention of our photographer in her attempt to seize the secret (or apparently invisible) soul of the works of great architects (Wright, Breuer, Pei, Gehry, Pelli, Piano, Scarpa, Libeskind, Tange…), but also buildings considered more anonymous, that her camera shutter has tried to explore.

A second element characterizes Patrizia della Porta's work: the series, the perspectival and concentric game of "variations on a theme" that configures the act of photographic detective work.

And, perhaps, this metaphor—detection—carried out by the "private eye," is not so extraneous to the work of our photographer, who conducts inspections, observes, "probes into," establishes connections, puts together the pieces of the puzzle….

With regards to this, Roberto Nepoti, referring to the world of cinema (though the quote can naturally be applied to our photographer's investigative routine), writes:

"The detective almost always moves about in few places—circularly covered. The psychological world of investigation is also circular and labyrinth-like and demands that the investigator make use of, in order to bring the truth to the surface, a procedure that is analogous to a psychoanalytical one…." (Roberto Nepoti, *La poetica degli eroi*, p. 187)

In countless sessions of observation, contemplation and meditation, Patrizia della Porta has subjected architectonic objects to this psychoanalytical procedure—before using the bistoury of the camera, before releasing (freehand) the Zen arrow/shot of her "framing."

Viewing Point, Series, Emptiness
Paolo Castelli

Mu (Emptiness)

Emptiness is not nothingness. It is creative. It generates, gives rise to all things. It is beginning. It is end. In the West it is loss, not-being, absence. It is negative. In the East it is sacred.
Yves Klein, "Emptiness" exhibition. Paris, 1958

A third reference can be detected in Patrizia della Porta's work: the minimalist and Zen origin of her own world that ends up being an interpenetration between a composition that is rigorous, abstract, transfigurative of the material (lighting, black and white, geometric shapes, lines, textures, patterns…) and an esoteric-symbolic investigation (in this project: four different elements charac-

tutti però attraversati dalla "epifania" del vuoto).

Il gioco si concentra allora in maniera divertita ma pregnante sul termine inventato (basta un trattino!) *mu-seum*, ovvero il luogo dove si nasconde il *mu*, un concetto che corrisponde a un antico ideogramma giapponese e sta a indicare il vuoto, il nulla.

Il vuoto come metafora dell'arte che crea dal nulla, che si istituisce come luogo del non-essere, l'oggetto estetico come buco nero, sottoponibile a infinite interpretazioni.

Mu però anche come spazio vuoto (architettonico).

Osserva, a questo proposito, Renato de Fusco: "La presenza all'interno degli edifici di questi spazi vuoti, agibili fisicamente e talvolta virtualmente, costituisce lo specifico dell'architettura." (Renato de Fusco, s. v. *Architettura* in *Gli strumenti del sapere contemporaneo/Le discipline*, UTET, 1985).

Ma gli involucri che cosa ci dicono e come ci parlano di questo interno, di questo vuoto (sacro) rappresentato dall'istituzione museo di arte (contemporanea)?

Non sono essi stessi simulacri, sembianti, maschere?

Mu, infine, nel lavoro di Patrizia della Porta indica e individua lo stesso approccio del fotografo al mondo, ben tratteggiato in queste parole di Minor White: "Lo stato mentale del fotografo quando crea è simile a uno spazio vuoto. Potrei aggiungere che questa condizione esiste solo in momenti speciali, cioè quando sta cercando immagini. (...) A chi paragonerebbe lo 'spazio vuoto' a una specie di vacuità statica, devo spiegare che questo è un tipo speciale di spazio vuoto. È uno stato mentale veramente molto attivo, molto ricettivo, pronto ad afferrare un'immagine in un attimo, senza avere, però, ogni volta un'immagine preformata a cui riferirsi. Va notato che la mancanza di un modello precostituito o di un'idea preconcetta su come qualcosa dovrebbe apparire, è essenziale a questa condizione di 'spazio vuoto'. (...) L'intero mondo visivo, l'intero mondo dei fatti sono involucri e rivestimenti che egli sente e intuisce che nascondono qualcosa sotto. (...) È un vuoto soprattutto mentale – come spiegarlo a chi non lo ha mai sperimentato? (...) Il fotografo proietta se stesso in tutto quel che vede, identificandosi con ogni cosa per conoscerla e sentirla meglio. Raggiungere un tale stato mentale vuoto richiede fatica, forse disciplina." (Minor White *La mente e l'occhio della macchina fotografica*, in "Magazine of Art", vol. 45, n. 1, New York, 1952)

terize four different museums, which however have a common thread—the "epiphany" of emptiness).

The game then focuses on, in a playful but highly significant way, the invented term (a hyphen suffices!) *mu-seum*, or rather the place where *mu* lies hidden—a concept that corresponds to an ancient Japanese ideogram that stands for emptiness, no-thingness.

Emptiness as a metaphor for art that is created from nothing. That establishes itself as the place of not-being, the aesthetic object as a black hole, subject to an infinite number of interpretations.

Mu, however, also as an empty (architectonic) space.

Regarding this, Renato de Fusco has observed: "The presence on the inside of buildings of these empty spaces, physically and at times virtually practicable, constitutes the distinguishing characteristic of architecture." (Renato de Fusco, "Architettura" in *Gli strumenti del sapere contemporaneo/Le discipline*, UTET, 1985)

But the encasements, the wrappings—what do they tell us about and how do they describe this interior, this (sacred) emptiness represented by the institution of the (contemporary) art museum?

Are they not themselves simulacra, a shadowy likeness, a mask?

Finally, *mu*, in Patrizia della Porta's work, indicates and identifies the same approach of a photographer to the world, which is described well by these words of Minor White:

"The state of mind of a photographer while creating is a blank. I could also add that this condition exists only in special moments, that is, when he is looking for images. (…) For those who would equate 'blank' with a kind of static emptiness, I must explain that this is a special kind of blank. It is a very active state of mind really, a very receptive state of mind, ready at an instant to grasp an image, yet with no image pre-formed in it at any time. We should note that the lack of a pre-formed pattern or preconceived idea of how anything ought to look is essential to this blank condition. (…)

The entire world we see, the entire factual world is a covering, an envelope, and the photographer feels and senses that it hides something underneath. (…) It is a blank that is above all mental—how can you explain it to someone who has never experienced it? (…) The photographer projects himself into everything he sees, identifying himself with everything in order to know it and to feel it better. To reach this kind of blank state of mind needs fatigue, perhaps discipline. (…)" (Minor White, "The Camera Mind and Eye" in *Magazine of Art*, vol. 45, no. 1, New York, 1952)

L'esplorazione di quattro musei di arte contemporanea, firmati da grandi maestri dell'architettura, parte dall'intuizione percettiva che volumi e superfici alludano ai quattro elementi primari (acqua, aria, terra, fuoco). Ogni diverso progetto si avvicina poi, a suo modo, al mistero del vuoto indicato dall'ideogramma zen giapponese *mu* che si combina, in un gioco di parole, con il termine occidentale *museum*: mu-seum.

Le associazioni simboliche tra edifici e elementi si coniugano nella seguente articolazione, con in aggiunta un possibile legame a una singola forma geometrica (o a un complesso di geometrie variabili nel caso del Guggenheim di Bilbao):

1. L'East Building della National Gallery of Art di Washington, D.C., firmata da Ieoh Ming Pei, è correlabile al fuoco e al triangolo.

2. Il Solomon R. Guggenheim Museum di New York, firmato da Frank Lloyd Wright, è associabile all'aria e al cerchio/spirale.

3. Il Whitney Museum of American Art di New York, firmato da Marcel Breuer, è interconnesso alla terra e al quadrato.

4. Il Guggenheim Museum di Bilbao, firmato da Frank Gehry, si lega all'acqua e gioca con libere forme geometriche.

1. *Fuoco, triangolo, piramide.*
L'East Building della National Gallery of Art di Washington, di Ieoh Ming Pei

Mu-seum
Quattro musei, quattro elementi,
quattro figure geometriche
Patrizia della Porta

Il progetto di Pei per l'estensione della National Gallery è fortemente segnato dalla forma geometrica del triangolo, fin dalla pianta che ne designa la collocazione.

La figura del triangolo, correlata al solido della piramide, è un elemento ricorrente nell'opera dell'architetto cinese (dalla piramide del Louvre di Parigi al Javits Center di New York fino alla torre della Bank of China a Hong Kong).

Il triangolo in molte culture e nel pensiero alchemico è il simbolo del fuoco e rappresenta armonia e proporzione. Si tratta di un elemento forte che si impone come possibile metafora dell'edificio di Pei, i cui tratti architettonici vivono in un gioco continuo di luci e di ombre che si sviluppano e si incrociano lungo l'arco della giornata.

Il triangolo è naturalmente collegato alle simbologie del numero tre: "La voce popolare afferma che il tre è il numero completo, perfetto: se ne trova riscontro in un'infinità di detti e proverbi. Il tre abbraccia lo spazio (altezza, lunghezza e profondità); il tempo si suddivide in passato, presente e futuro; tre sono i colori fondamentali: giallo, rosso e blu; tre le forme di aggregazione della materia: solida, liquida e gassosa; tre le sostanze di base dell'alchimia: sale, solfore e mercurio. Questi esempi potrebbero essere continuati all'infinito. L'importante comunque è rendersi conto che la creazione, a tutti i livelli, procede per triadi" (Thorwald Dethlefsen, *Il destino come scelta. Psicologia esoterica*).

Una concezione orientale delle simbologie legate al numero tre è suggerita da Gusty Herrigel (moglie di Eugen Herrigel, autore del classico *Lo zen e l'arte del tiro con l'arco*): "Secondo il principio della Triade, la Totalità universale, sebbene nella sua essenza sia una e indivisibile, può essere triplicemente divisa: il Cielo, l'Uomo, la Terra. La concezione ternaria (...) ha la sua origine nel buddhismo. È un principio spirituale e ha un significato cosmico. La concezione della Triade buddhista si è estesa dall'India alla Cina e al Giappo-

The exploration of four contemporary art museums, designed by master architects, begins from the perceptual intuition that volumes and surfaces allude to the four primary elements (water, air, earth, fire). Each different project then approaches, in its own way, the mystery of emptiness indicated by *mu*, the Japanese Zen ideogram, which unites itself, in a pun, to the western term *museum*: mu-seum.

The symbolic associations between buildings and elements are coupled in the following arrangements, with, in addition, a possible connection to a single geometric shape (or to a complex of variable geometric shapes, as in the case of the Guggenheim Museum in Bilbao):

1. The East Building of the National Gallery of Art in Washington, D.C., designed by Ieoh Ming Pei, is correlated with fire and the triangle.

2. Frank Lloyd Wright's Solomon R. Guggenheim Museum in New York can be associated with air and the circle/spiral.

3. The Whitney Museum of American Art in New York, designed by Marcel Breuer, is interlinked with earth and the square.

4. Frank Gehry's Guggenheim Museum in Bilbao is tied to water and plays upon free geometric shapes.

1. *Fire, triangle, pyramid.*
The East Building of the National Gallery of Art, Washington, D.C., by Ieoh Ming Pei

Pei's project for the enlargement of the National Gallery is conspicuously characterized by the geometric shape of the triangle, even in the plan that designates its location.

The shape of the triangle, correlated with the solid geometric shape of the pyramid, is a recurrent element in the Chinese architect's work (from the Louvre Pyramid in Paris to the Javits Center in New York and even to the Bank of China tower in Hong Kong).

In many cultures and according to the principles of alchemy, the triangle is the symbol for fire and represents harmony and proportion. This is a powerful element that imposes itself as a possible metaphor of Pei's building, the architectonic features of which carry on their existence in a continuous play of light and shade that arise and cross one another's path over the course of the day.

Naturally, the triangle is connected to the symbology of the number three:

"Popular tradition affirms that the number three is complete, perfect: this is attested to by an infinite number of sayings and proverbs. The number three embraces space (height, length and depth); time is divided into the past, present and future; the fundamental colors are three: yellow, red and blue; matter exists in three states: solid, liquid and gas; there are three basic elements of alchemy: salt, sulfur and mercury.

The examples could continue *ad infinitum*. What is important, however, is realizing that creation, at all levels, proceeds in triads." (Thorwald Dethlefsen, *Destiny as Choice: Esoteric Psychology*)

An oriental scheme of the symbology relating to the number three is suggested by Gusty Herrigel (wife of Eugen Herrigel, author of the classic *Zen and the Art of Archery*):

"According to the Triad principle, the Universal Totality, even though it is one and indivisible in its essence, may be divided into three: the Heavens, Man and the Earth. The trinal

ne. (...) Questa struttura esprime il senso profondo delle leggi che regolano l'Universo. Poiché il numero tre è il primo numero della creazione, esso a poco a poco è diventato il termine assiale consapevole di un sistema strutturale esteso all'arte. (...) Nel movimento ciclico della Triade l'uomo sta al centro del cielo e della terra. (...) Essendo asimmetrico, il principio ternario permette l'azione reciproca della pienezza e del 'vuoto', dello sbocciare della vita e del suo dissolversi, di tutto ciò che si lega e si scioglie: comprende il ciclo completo della creazione" (Gusty Herrigel, *Lo zen e l'arte di disporre i fiori*).

La piramide (estensione solida del triangolo) è una delle figure ricorrenti nell'architettura di Pei: "La piramide (egizia) è un blocco chiuso per sempre sull'apparenza del defunto e una porta aperta all'interno del mondo dell'aldilà, con le sue possibilità infinite, riassunto geometrico e astronomico della creazione, la cui funzione sembra essere stata di porre lo spirito del defunto reale in rapporto con l'universo, donandogli la misura di tutte le cose. Era il simbolo del fuoco grazie al quale si compiva infine l'emancipazione dell'anima" (Nadia Julien, *Il linguaggio dei simboli*).

"Dall'alto, l'East Building appare come un gigantesco puzzle di Rubik, ma in piano è costituito da due triangoli, uno isoscele (la galleria), l'altro ad angolo retto (il centro studi). I due triangoli si compenetrano a formare un trapezio, riflettendo la forma del luogo. (...) Le tre torri della galleria sorgono in ciascun punto del triangolo della galleria e contengono gli spazi per le mostre principali che si sviluppano su cinque differenti livelli." (Brian Phipps, *I. M. Pei. National Gallery of Art East Building*, pp. 258-260, in Udo Kultermann, a cura di, *Modern Masterpieces: The best of Art, Architecture, Photography and Design since 1945*, Visible Ink Press, Detroit, 1998).

2. *Aria, cerchio, spirale.*
Il Solomon R. Guggenheim Museum di New York, di Frank Lloyd Wright

Frank Lloyd Wright ha fatto spesso uso di combinazioni di sistemi geometrici: quadrato e cerchio nel Johnson Building a Racine (1939); rettangolo e triangolo rettangolo a sessanta e trenta gradi nella Willey House di Minneapolis (1934); quadrato ed esagono nella St. Mark Tower a New York (1929); rettangolo e triangolo equilatero nel St. Marcus in the Desert a Chandler (1927); senza contare la forma a spirale (simbolo dell'eterno divenire o dell'itinerario della conoscenza umana) del Guggenheim Museum di New York.

Il progetto di Frank Lloyd Wright si avvita nell'aria come una spirale che gioca con la circolarità simbolica di uno spazio museale che a sua volta si propone come scala infinita. Aria e cerchio ne sono i nuclei fondanti alla ricerca di un'architettura organica.

A questo proposito il grande scrittore argentino Jorge Luis Borges descrive così la sua visita al museo: "Ricordo la sua circolarità. Ecco, non potevo distinguere gli oggetti, però la luce sì, e notavo che il percorso non era in linea retta... andavamo in discesa (con mia madre), in circolo, perché la luce era sempre a destra, una luce che proveniva da una cupola di cristallo, mi dissero, e che io notavo sulla mia testa, come se non fossimo stati in un edificio, ma all'aria aperta, e mi chiedevo angustiato se tutto sarebbe finito di colpo, nel vuoto, e sarei precipitato..." (Intervista di Cristina Grau, 6 gennaio 1983).

"La spirale, la cui formazione naturale è frequente nel regno vegetale (viti, convolvoli) e

scheme (…) has its origins in Buddhism. It is a spiritual principle and has a cosmic significance.

The scheme of the Buddhist Triad spread from India to China and Japan. (…) This structure expresses the profound meaning of the laws that govern the Universe.

Since the number three is the first number of creation, little by little it became the accepted term of a structural system that spread to art. (…) In the cyclical motion of the Triad, man is between the heavens and the earth. (…) Since it is asymmetrical, the trinal principle allows for the reciprocal action of fullness and 'emptiness,' of the unfurling of life and its disintegration, of all that joins together and comes undone: it includes the complete cycle of creation." (Gusty Herrigel, *Zen and the Art of Flower Arranging*)

The pyramid (the solid extension of the triangle) is one of the shapes that appears over and over again in Pei's work: "The (Egyptian) pyramid is a block that is forever closed over the deceased and an open door within the world of the afterlife, with its infinite possibilities, a geometric and astronomic résumé of creation, the function of which seems to have been that of placing the spirit of the royal deceased in relation to the universe, thus giving it the measure of all things.

It was the symbol of fire, thanks to which the emancipation of the soul was finally carried out." (Nadia Julien, *The Language of Symbols*)

"From the air, the East Building looks like a giant Rubik's puzzle, but in plan it is two triangles, one isosceles (the gallery), the other right-angled (the study center). The two triangles fit together to form a trapezium, reflecting the shape of the site. (…) The three 'towers' of the gallery rise at each point of the gallery triangle and contain the main exhibition spaces over five levels." (Brian Phipps, *I. M. Pei. National Gallery of Art East Building*, pp. 258–260, in *Modern Masterpieces: The Best of Art, Architecture, Photography and Design Since 1945*, edited by Udo Kultermann, Visible Ink Press, Detroit, 1998)

2. *Air, circle, spiral.*
The Solomon R. Guggenheim Museum, New York, by Frank Lloyd Wright

Frank Lloyd Wright oftentimes used combinations of geometric units—square and circle in the Johnson Building (Racine, 1939); rectangle and 60° and 30° right-angled triangle in the Willey House (Minneapolis, 1934); square and hexagon in St. Mark's Tower (New York, 1929); rectangle and equilateral triangle in St. Marcus in the Desert (Chandler, 1927)—without counting the spiral shape (the symbol of eternal becoming or the course of human understanding) of the Guggenheim Museum in New York.

Frank Lloyd Wright's project is fitted into the air like the spiral of a screw that plays upon the symbolic circularity of a museum space that presents itself as an endless stairway.

Air and the circle are its two fundamental nuclei in search of organic architecture.

With regards to this, the great Argentinian writer Jorge Luis Borges describes his visit to the museum thusly: "I remember its circularity. Well, I couldn't discern the objects—but the light, yes. And I noticed that the exhibition space didn't follow a straight line…we headed down (with my mother) in a circle because the light was always to the right—light that came from, so I was told, a crystal dome that I noticed above my head. It was as if we weren't in

animale (lumache, conchiglie, ecc.) richiama l'evoluzione di una forza, di uno stato. In tutte le culture si riscontra questa figura carica di significati simbolici. (...) La spirale si collega al simbolismo cosmico della Luna, al simbolismo acquatico della conchiglia, al simbolismo della fertilità; essa rappresenta insomma i ritmi ripetuti della vita, il carattere ciclico dell'evoluzione...." (Jean Chevalier, Alain Gheerbrant, *Dizionario dei simboli*).

La simbologia della spirale è anche alla base di tutte le danze rotatorie, la più nota delle quali è quella dei dervisci rotanti turchi, il cui scopo, come sottolinea Gilbert Durant in *Le strutture antropologiche dell'immaginario* (1963), serve a "assicurare la permanenza dell'essere attraverso le fluttuazioni del cambiamento".

"Il movimento circolare è perfetto, immutabile, senza inizio né fine, né variazione; questo fa sì che esso possa rappresentare il tempo, il quale, a sua volta, può essere definito come una successione continua e invariabile di istanti tutti identici, gli uni agli altri... Il cerchio può rappresentare anche il cielo dal movimento circolare e inalterabile..." (de Champeaux – Sterckx, *Introduction au monde de symboles*, Parigi, 1966).

"Il cerchio è il segno dell'Unità del principio e di quella del Cielo e, come tale, ne indica l'attività e i movimenti ciclici. È lo sviluppo del punto centrale, la sua manifestazione: 'Tutti i punti della circonferenza si ritrovano al centro del cerchio, che è il loro principio e la loro fine' scrive Proclo. Secondo Plotino 'Il centro è il padre del cerchio' "(Jean Chevalier, Alain Gheerbrant, *op. cit.*).

"Al centro del cerchio tutti i raggi coesistono in un'unica unità e un solo punto contiene in sé tutte le linee rette, unitariamente unificate le une in rapporto alle altre e tutte insieme in rapporto al principio unico dal quale tutte derivano" (Pseudo Dionigi l'Areopagita).

"Raccolto in sé stesso, senza inizio né fine, compiuto e perfetto, il cerchio è il segno dell'assoluto. (...) Il cerchio esprime l'eterno soffio della divinità, che agisce continuamente e in tutti i sensi e, se esso si arrestasse, si avrebbe immediatamente un riassorbimento del mondo. (...) L'elemento aria è simbolicamente associato al vento, al soffio. Rappresenta il mondo sottile intermediario fra cielo e terra, riempito, secondo i cinesi, dal respiro (ch'i) necessario alla sopravvivenza degli esseri" (Jean Chevalier, Alain Gheerbrant, *op. cit.*).

3. *Terra, quadrato, cubo.*
Il Whitney Museum of American Art di New York, di Marcel Breuer

Il Whitney Museum si inserisce su Madison Avenue come un elemento alieno, un meteorite caduto da una terra lontana. Sulla sua facciata quadrata si innesta una finestra enorme.

Marcel Breuer parlando del progetto lo paragona a una scultura che "trasforma l'edificio in un'unità, un elemento, un nucleo e gli dà una direzione verso Madison Avenue" (Marcel Breuer, *Comments on the Presentation of the Whitney Museum Project*, 12 novembre 1963).

Il progetto di Breuer si confronta con la forma del quadrato, che rimanda alla terra: "La terra è la sostanza universale, il caos primordiale, la materia prima separata dalle acque secondo la Genesi (...). La terra ha una forma quadrata (specialmente nella cultura della Cina), determinata dai suoi quattro orizzonti (...). Il quadrato, correlato alla terra, è in oppo-

a building but out in the open. And, worried, I asked myself if everything would come to an abrupt end, in mid-air, and I would fall through…" (Interview by Cristina Grau, January 6, 1983)

"The spiral, the formation of which occurs frequently in nature in the plant (grapevines, bindweed) and animal (snails, shells, etc.) kingdoms, calls to mind the evolution of a force, a state.

In all cultures, this shape, laden with symbolic meanings, can be found. (…) The spiral is connected to the cosmic symbolism of the Moon, to the aquatic symbolism of the shell, to the symbolism of fertility. In short, it represents the repeated rhythms of life, the cyclical nature of evolution (…)." (Jean Chevalier-Alain Gheerbrant, *Dictionary of Symbols*)

The symbology of the spiral is also at the basis of all rotating dances, the most famous being that of the Whirling Dervishes of Turkey, the purpose of which, as emphasized by Gilbert Durant in *The Anthropological Structures of the Imagination* (1963), is to "guarantee the permanence of existence through the flux of change."

"Circular motion is perfect, immutable, without a beginning or an end or variation. Therefore, it can represent time, which, in turn, may be defined as a continuous and invariable succession of all-identical moments (…). The circle may also represent the heavens and their circular and unchangeable motion (…)." (Gerard de Champeaux-Sebastien Sterckx, *Introduction to the World of Symbols*, Paris, 1966)

"The circle is the sign of the Oneness of the beginning and of the heavens and, as such, indicates its activity and cyclical motion. It is the development of the central point, its manifestation: 'All the points of the circumference can be found at the center of the circle, which is their beginning and their end,' writes Proclus. According to Plotinus, 'The center is the father of the circle.'" (Jean Chevalier-Alain Gheerbrant, *Dictionary of Symbols*)

"At the center of the circle, all the rays coexist in a single unity and a single point contains within it all the straight lines, each, in relation to the other, united into one in relation to the single beginning from which they all derive." (Pseudo-Dionysius the Areopagite)

"Gathered in itself, without a beginning or an end, complete and perfect, the circle is the sign of the absolute. (…) The circle expresses the eternal breath of Divinity, which acts continuously and in all directions and, if it were to come to a stop, the world would be immediately reabsorbed. (…)

The element of air is symbolically associated to wind, to breath. It represents the thin intermediary world between the heavens and the earth, and is filled, according to the Chinese, by the breath (*ch'i*) that is necessary to the survival of living things." (Jean Chevalier-Alain Gheerbrant, *Dictionary of Symbols*)

3. *Earth, square, cube.*
The Whitney Museum of American Art, New York, by Marcel Breuer

The Whitney Museum inserts itself upon Madison Avenue like an alien element—a meteorite fallen from a far-off planet. An enormous window is fitted into its square façade.

In speaking about the project, Marcel Breuer likens it to a sculpture that "transforms the building into a unit, an element, a nucleus, and lends it a direction towards Madison

sizione al cielo, ma è anche, a un altro livello, il simbolo dell'universo creato, terra e cielo, in opposizione al non creato; è l'antitesi del trascendente" (Jean Chevalier, Alain Gheerbrant, *op. cit.*).

"Il quadrato è una figura antidinamica, ancorata su quattro lati. Rappresenta l'arresto o l'istante isolato. Il quadrato implica un'idea di stagnazione e di solidificazione, oppure di stabilizzazione nella perfezione. Mentre il movimento scorrevole è circolare e rotondo, l'arresto e la stabilità sono associati a figure angolose con linee dure e a sbalzi" (de Champeaux – Sterckx, *op. cit.*).

"Molti spazi sacri hanno una forma quadrangolare: altari, templi, città. (…). Il quadrato è la figura base dello spazio mentre il cerchio, particolarmente la spirale, è quella del tempo. (…) Il cubo, ancora più del quadrato, è il simbolo della solidificazione, della stabilità e dell'arresto dello sviluppo ciclico perché determina e fissa lo spazio nelle sue tre dimensioni. (…) La simbologia del quadrato e quella del numero quattro sono spesso associate (…). Nelle teorie platoniche, il quattro si riferisce alla materializzazione delle idee e il tre all'idea stessa: il secondo esprime le essenze e il primo i fenomeni, l'uno lo spirito e l'altro la materia. Mentre il tre deriva dalla simbologia della verticale, il quattro appartiene a quella dell'orizzontale" (Jean Chevalier, Alain Gheerbrant, *op. cit.*).

4. *Acqua, libere forme geometriche.*
Il Guggenheim Museum di Bilbao, di Frank Gehry

Il Guggenheim Museum di Bilbao gioca con l'elemento acqua fin dalla sua collocazione sul fiume Nerviòn. Il museo si trova proprio in riva al fiume che attraversa la città, tanto che Gehry pensa all'acqua come a una parte integrante dell'edificio, progettando anche la configurazione che l'acqua assumerà in corrispondenza del museo. Tale compenetrazione modifica la percezione stessa dello spazio. L'edificio, a sua volta, si presenta come un proteiforme "mostro" acquatico. "Il rivestimento di titanio è quello che più colpisce. Esso è trattato in maniera tale da reagire in un modo singolarissimo ai cambiamenti di luce assumendo una 'dimensione liquida'" (Giorgio Romoli, *Frank O. Gehry. Museo Guggenheim Bilbao*).

L'ispirazione legata alle figurazioni acquatiche è data anche dal nome scherzoso con cui Gehry ha chiamato alcuni elementi architettonici dell'edificio: Nemo, Fish, Potemkin. Le squame di titanio richiamano direttamente le superfici lucenti di pesci dalle mille forme; e il pesce è un animale caro alla poetica di Gehry: citiamo, ad esempio, quello gigantesco di fronte al ristorante *Fishdance* di Kobe, Giappone, e la scultura, sempre a forma di pesce, sul lungomare di Barcellona.

L'acqua in cui l'edificio, in alcune parti, si riflette racchiude in sé tre temi fondamentali: sorgente di vita, mezzo di purificazione, centro di rigenerazione.

"La nozione di acque primordiali, di oceano delle origini, è quasi universale. Non meraviglia di trovarla in Polinesia e presso la maggior parte dei popoli austro-asiatici che individuano nell'acqua la potenza cosmica. (…) L'acqua è origine e veicolo di ogni forma di vita. (…) Sul piano fisico e in quanto dono del cielo, è simbolo universale di fecondità e di fertilità. Altrettanto generale è la concezione dell'acqua come strumento di purificazione ritua-

Avenue." (Marcel Breuer, *Comments on the Presentation of the Whitney Museum Project, November 12th, 1963*)

Breuer's project is characterized by the shape of the square, which refers to the earth: "The earth is the universal substance, the primordial chaos, the primary material separated from the waters, according to Creation (...). The earth is square in shape (especially in Chinese culture), set off by its four horizons (...).

The square, correlated with the earth is in opposition to the heavens, but also, on another level, it is the symbol of the created universe, earth and heavens, in opposition to the non-created; it is the antithesis of the transcendent." (Jean Chevalier-Alain Gheerbrant, *Dictionary of Symbols*)

"The square is an anti-dynamic shape, pinned down on four sides. It represents arrest or the isolated moment. The square implies the idea of stagnation or solidification, or stabilization in perfection. Whereas flowing motion is circular and round, arrest and stability are associated with angular shapes with abrupt, sharp lines." (Gerard de Champeaux-Sebastien Sterckx, *Introduction to the World of Symbols*, Paris, 1966)

"Many sacred spaces are square in shape: altars, temples, cities. (...) The square is the basic shape of space whereas the circle, particularly the spiral, is the shape of time. (...) The cube, even more so than the square, is the symbol of solidification, stability and seizure of the cyclical development because it establishes and pins space down in its three dimensions.

(...) The symbology of the square and that of the number four are oftentimes associated (...). According to Platonic theory, the number four refers to the materialization of ideas and the number three, the idea itself. This latter number expresses essences and the former, phenomena—one, the spirit and the other, matter. Whereas the number three derives from the symbology of the vertical, the number four belongs to the horizontal." (Jean Chevalier-Alain Gheerbrant, *Dictionary of Symbols*)

4. *Water, free geometric shapes.*
The Guggenheim Museum Bilbao by Frank Gehry

The Guggenheim Museum in Bilbao plays upon the element of water even in its location along the Nervión River.

The Museum is situated on the banks of the river that traverses the city, and so Gehry considers water as an integral part of the building, thus also planning the configuration that the water would take on in correspondence to the Museum. Such interpenetration alters the very way in which the space is perceived.

The building, in turn, presents itself as a protean aquatic "monster."

"What strikes one the most is the titanium facing. It is treated in such a way that it reacts in a rather singular manner to the changes in light by taking on a 'liquid dimension.'" (Giorgio Romoli, *Frank O. Gehry: Guggenheim Museum, Bilbao*)

The inspiration tied to aquatic figures is also attested to by the humorous names with which Gehry called a few of the architectonic elements: Nemo, Fish, Potemkin.

le. (...) È anche simbolo della saggezza taoista perché è pienamente libera e senza costri-
zioni. (...) Nella tradizione ebraica e cristiana l'acqua simboleggia innanzitutto l'origine della creazione. (...) Tuttavia, come avviene per ogni simbolo, l'acqua presenta anche un'am-
bivalenza totale e a tutti i livelli, come del resto avviene per tutti i simboli.

È fonte di vita e fonte di morte, creatrice e distruttrice. (...) L'acqua viva, l'acqua di vita,
si presenta come un simbolo cosmogonico. Poiché essa purifica, guarisce, ringiovanisce,
essa introduce all'eternità. (...) Gli antichi simbolismi dell'acqua come fecondatrice della
terra e dei viventi ci guidano sino ai simboli analitici dell'acqua come fecondatrice dell'anima: il fiume, il mare rappresentano il corso dell'esistenza umana e le fluttuazioni dei desi-
deri e dei sentimenti." (Jean Chevalier, Alain Gheerbrant, *op. cit.*).

Il Guggenheim Museum di Bilbao, infine, si interroga sulla dissoluzione delle forme e
figure geometriche che si mutano in sculture e escrescenze organiche.

Gehry "non descrive un edificio con i connotati tipici dell'architettura – volumi, pareti,
aggetti, rientranze, vuoto, pieno, chiaro, scuro, cemento armato, acciaio, pietra, intonaco...
– ma ne parla come fosse un 'organismo vivente', mettendone in risalto i tratti più caratte-
ristici della personalità" (Giorgio Romoli, *op. cit.*).

The scales of the titanium directly call to mind the shiny skin of fish of a thousand shapes, something that is dear to Gehry's poetics: we cite, for example, the gigantic fish in front of the *Fishdance* restaurant in Kobe, Japan, and the fish-shaped sculpture along the sea walk of Barcelona.

The water in which the building, in a few parts, is reflected closes within itself three fundamental themes: source of life, means of purification, center of regeneration.

"The notion of primordial waters, of oceans originating life, is almost universal. It is no surprise to find it in Polynesia and with the majority of Austro-Asian peoples who see water as having cosmic power. (…) Water is the origin and vehicle of every form of life. (…) On a physical level and in so far as it is a gift from the heavens, it is the universal symbol of fecundity and fertility. Also commonly believed is the notion of water as an instrument of ritual purification. (…)

It is also the symbol of Taoist wisdom because it is completely free and without constraints. (…) In Jewish and Christian tradition, water symbolizes, in the first place, the origin of creation. (…) However, as is the case with each symbol, water also presents total ambivalence on every level, which is what happens for all symbols.

It is the source of life and the source of death, creator and destroyer. (…) Living water, the water of life presents itself as a cosmogonical symbol. Since it purifies, heals, rejuvenates, it leads to eternity. (…) The ancient symbology of water as impregnator of the earth and living creatures leads us even up to analytical symbols of water as impregnator of the soul: the river, the sea represent the course of human existence and the fluctuations of desires and feelings." (Jean Chevalier-Alain Gheerbrant, *Dictionary of Symbols*)

Finally, the Guggenheim Museum in Bilbao takes into examination the disintegration of geometric shapes and figures that transform themselves into sculptures and organic outgrowths.

Gehry "does not describe a building with the typical descriptions in architecture—volumes, walls, overhangs, recesses, emptiness, fullness, light, shade, reinforced concrete, steel, stone, plaster—but he speaks about it as if it were a 'living organism,' emphasizing the most characteristic features of the building's personality." (Giorgio Romoli, *Frank O. Gehry: Guggenheim Museum, Bilbao*)

Opere / Works

National Gallery of Art, Washington

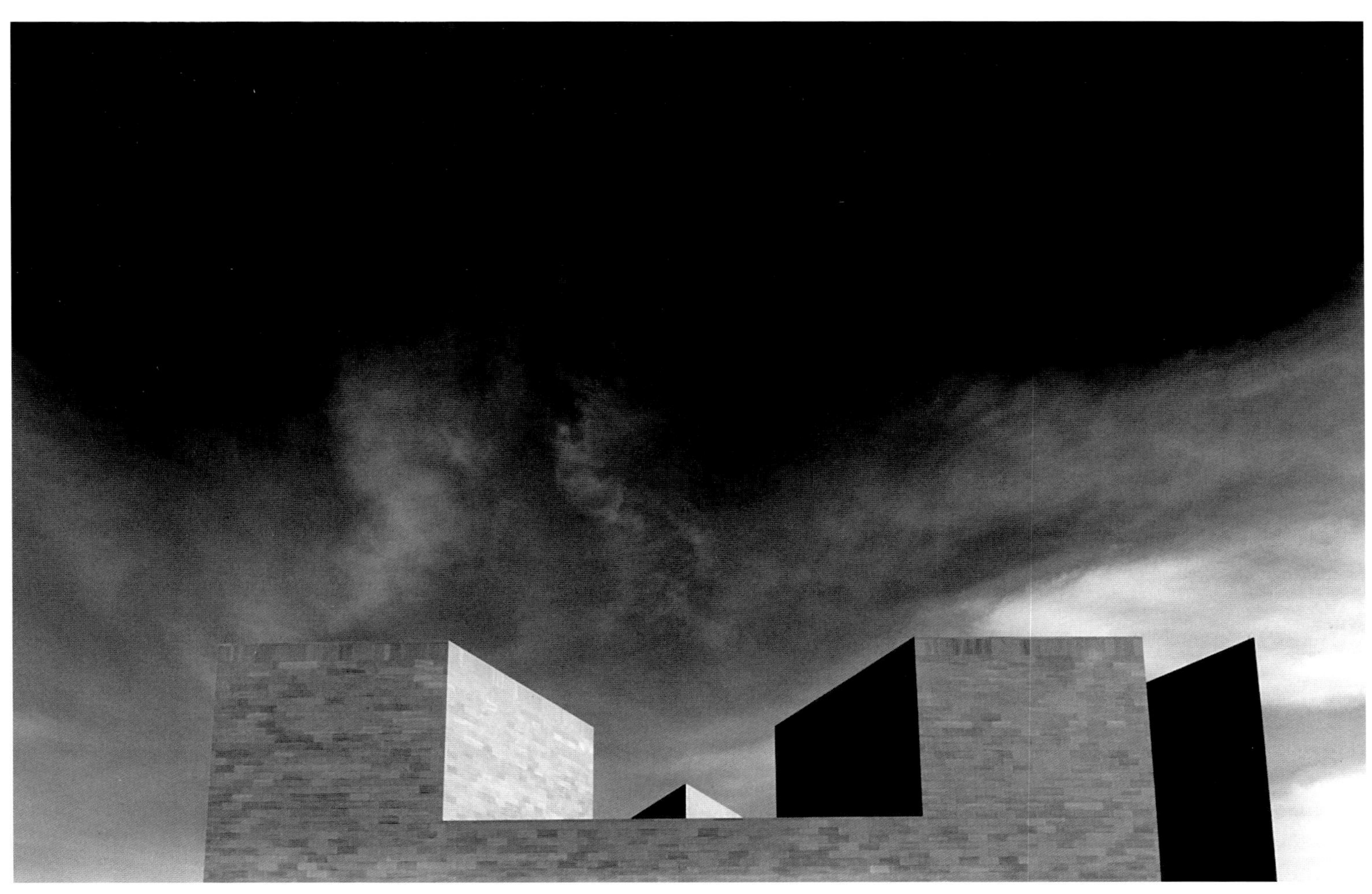

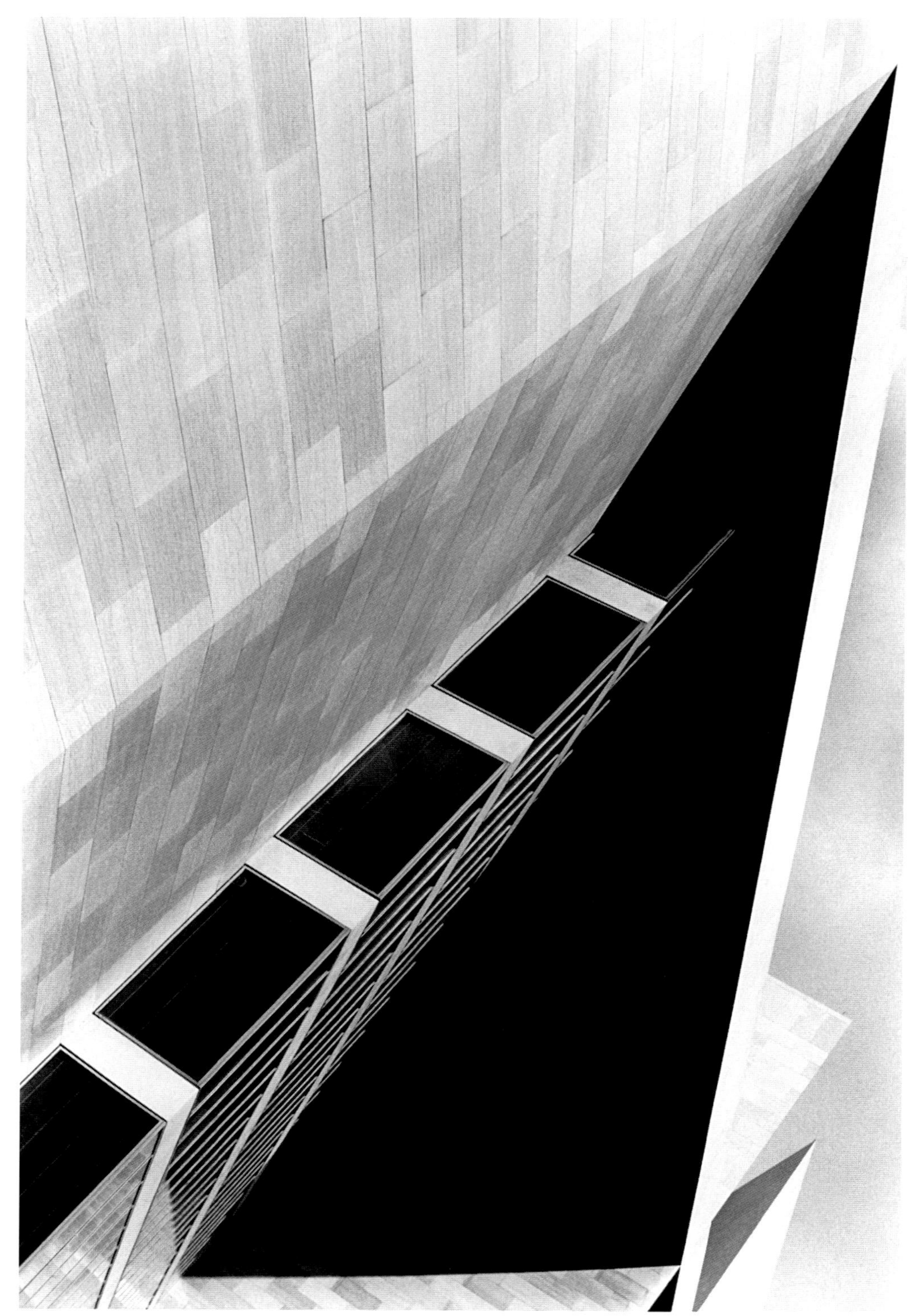

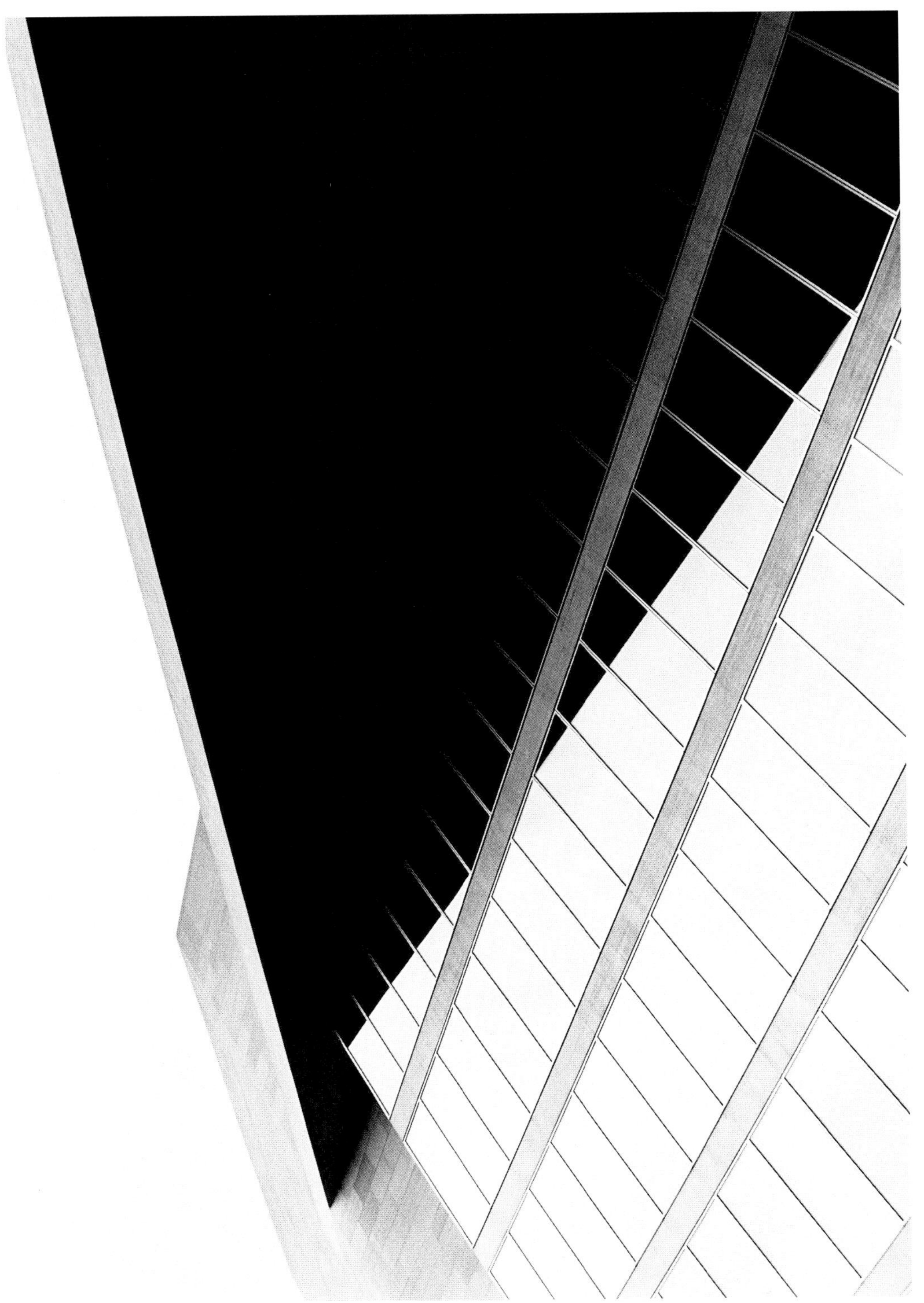

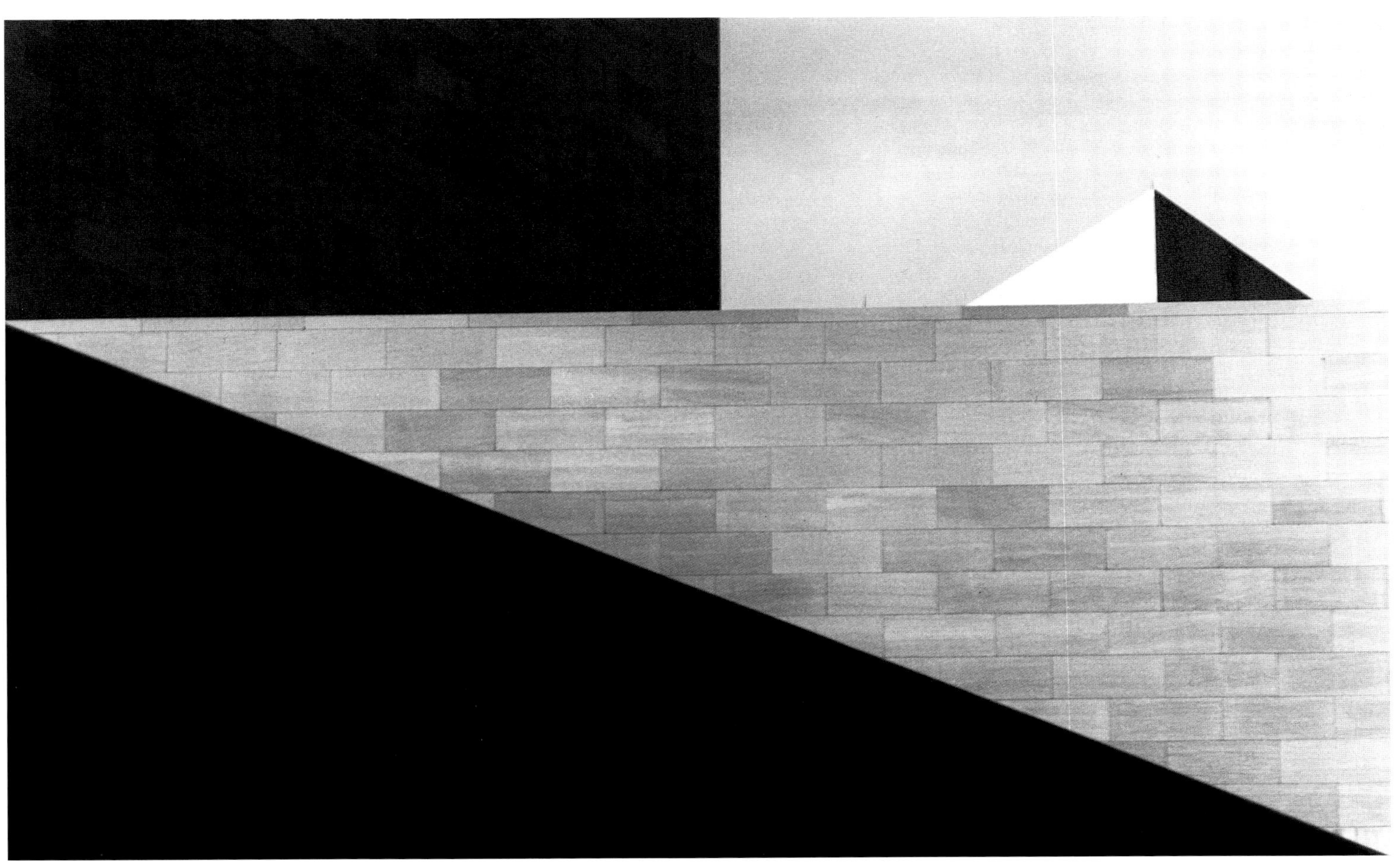

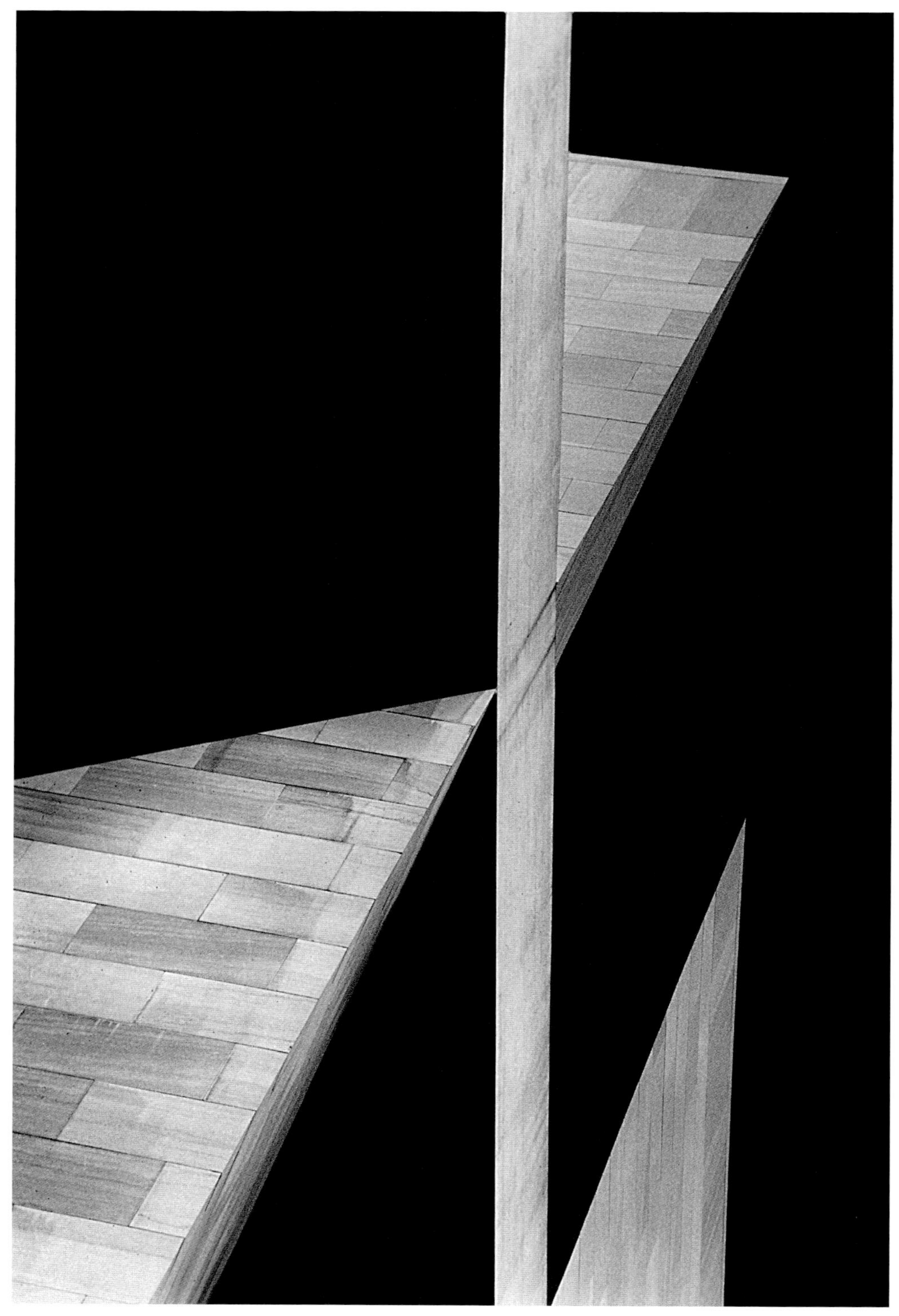

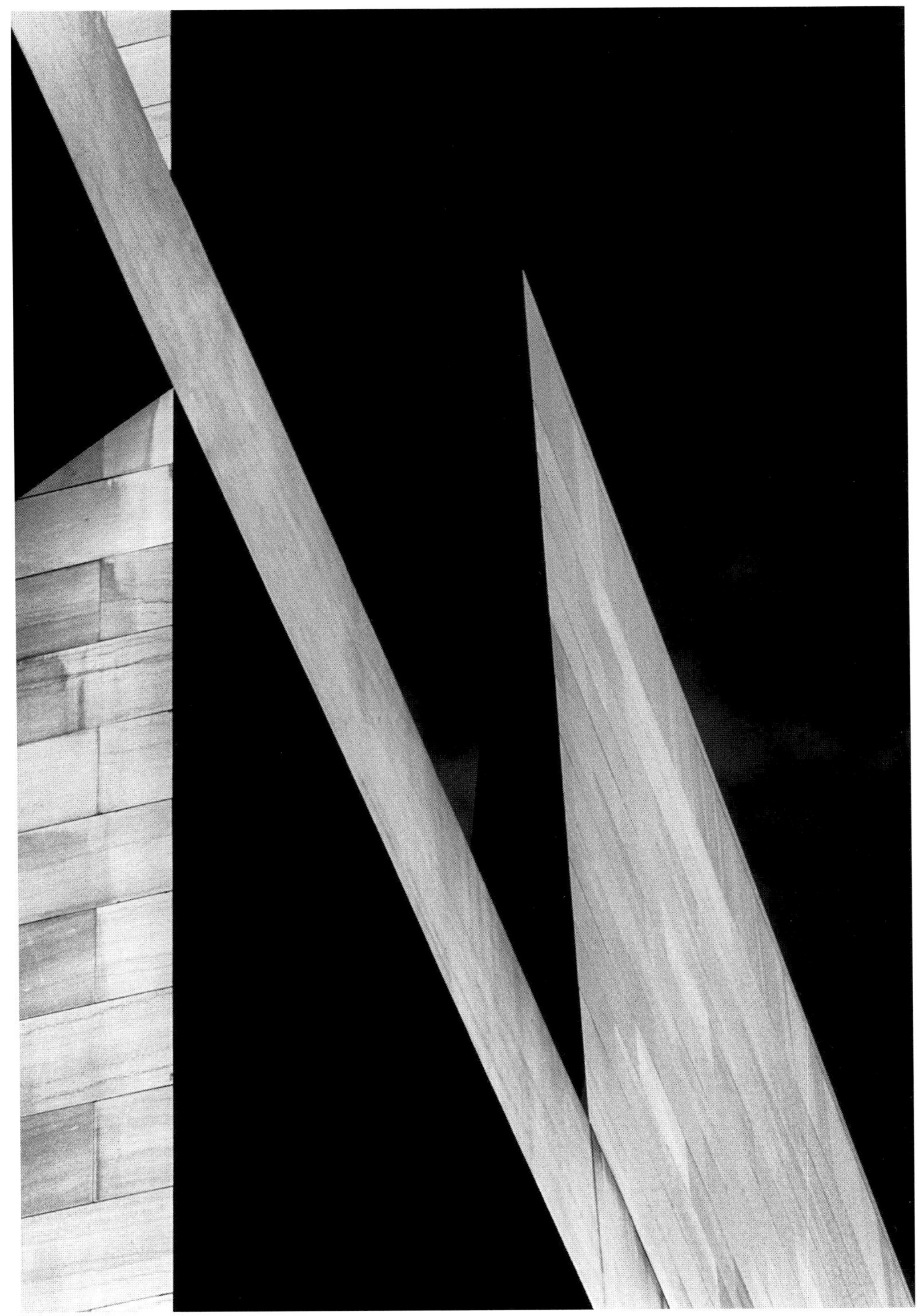

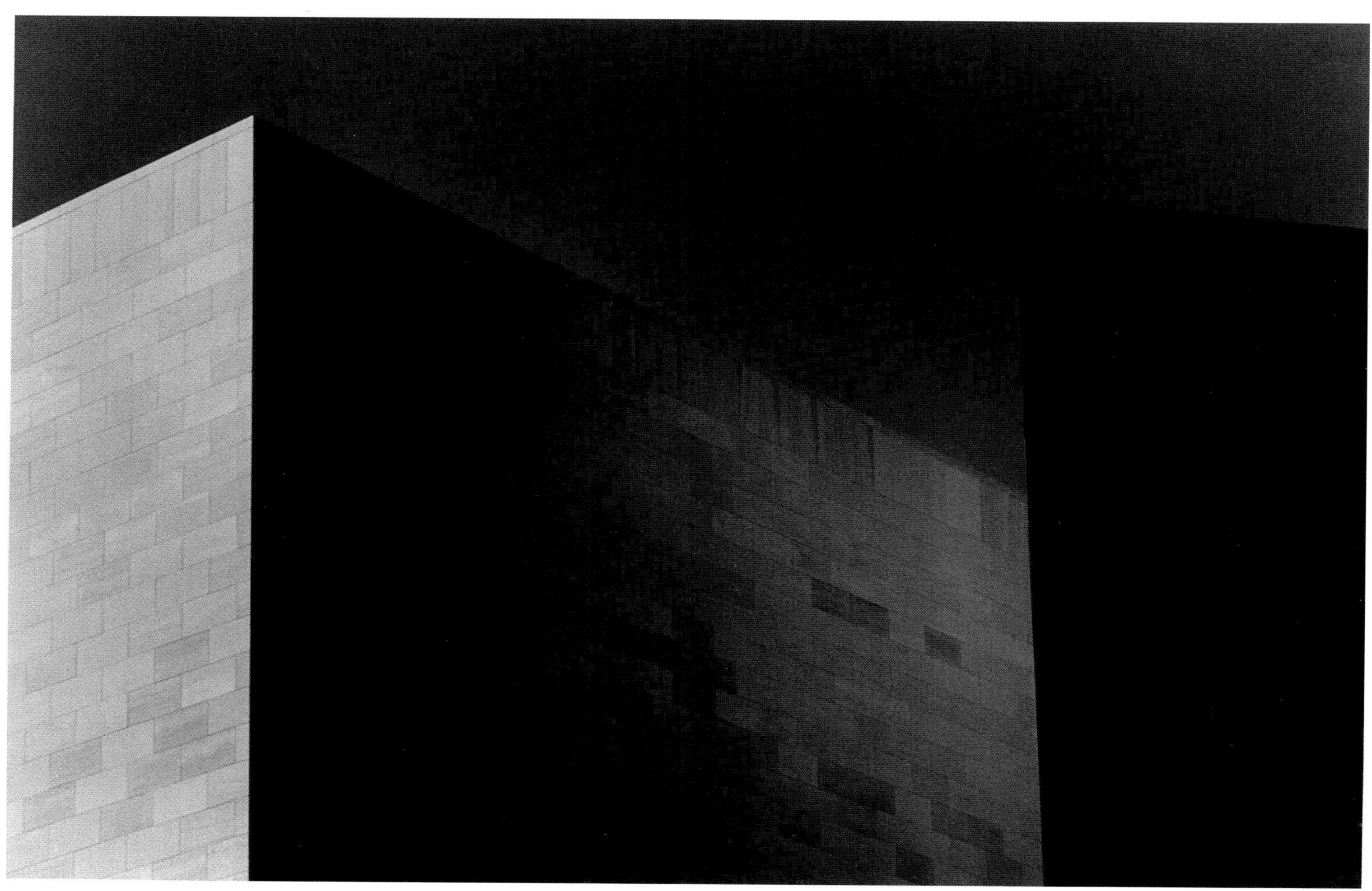

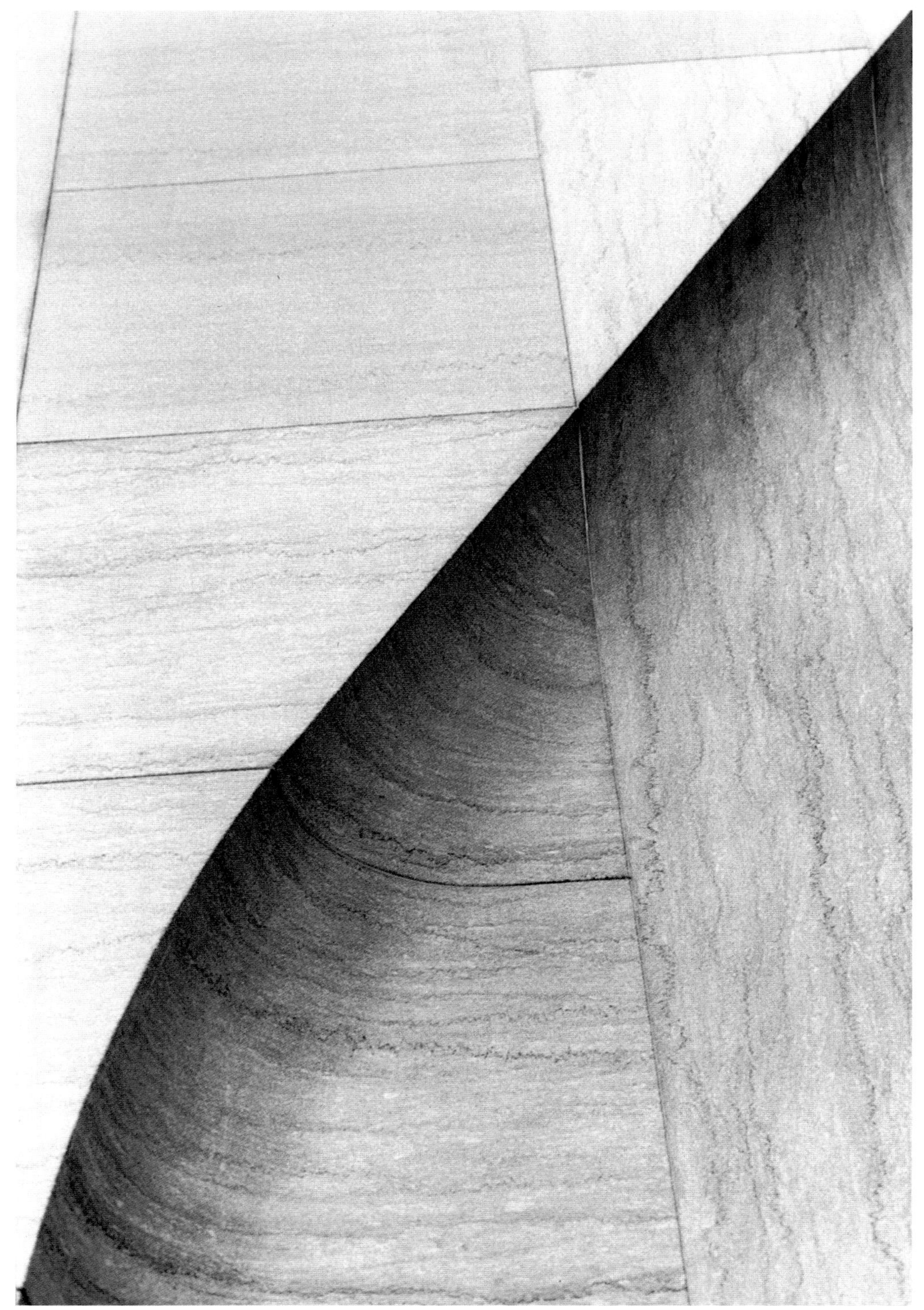

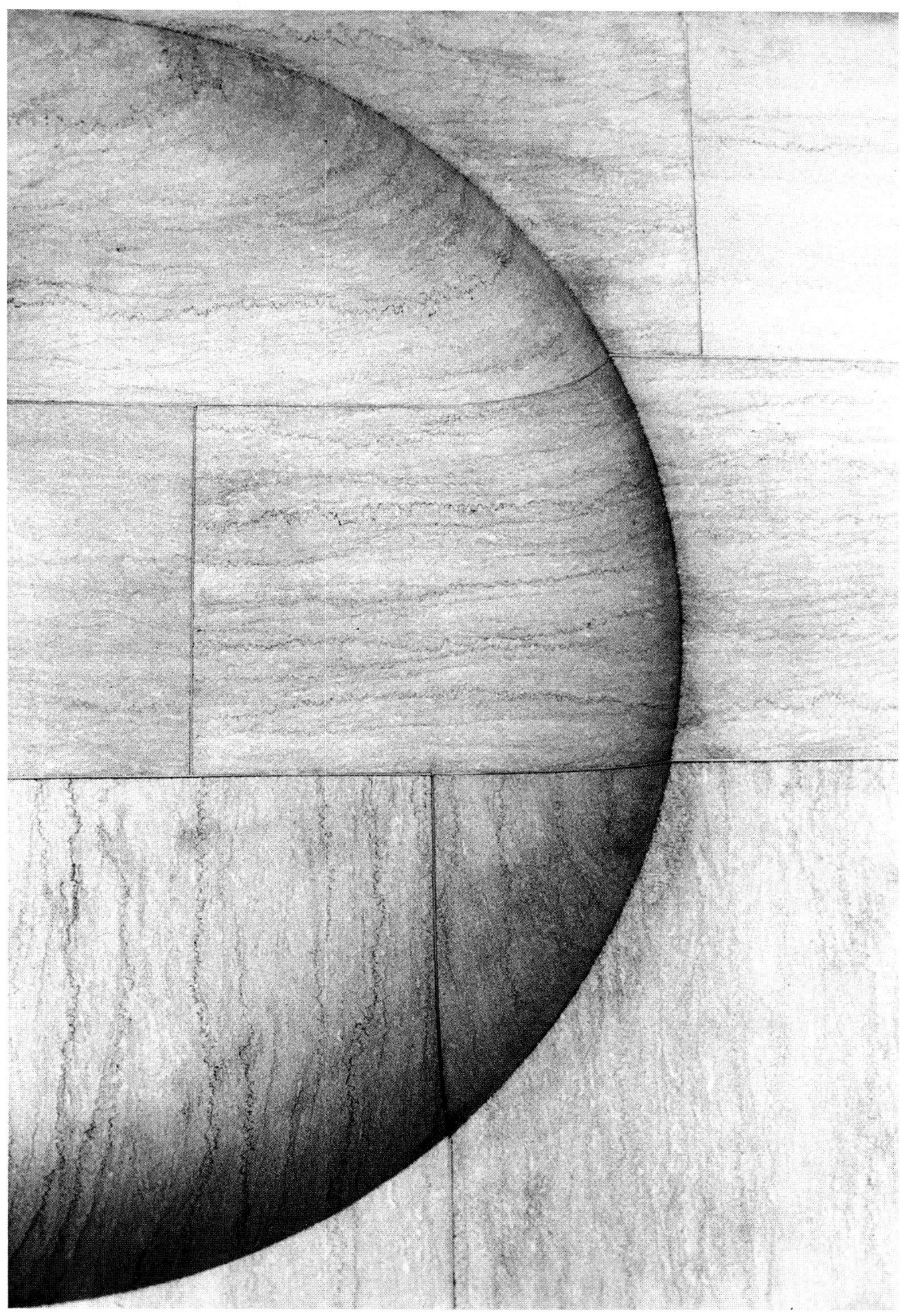

Guggenheim Museum, New York

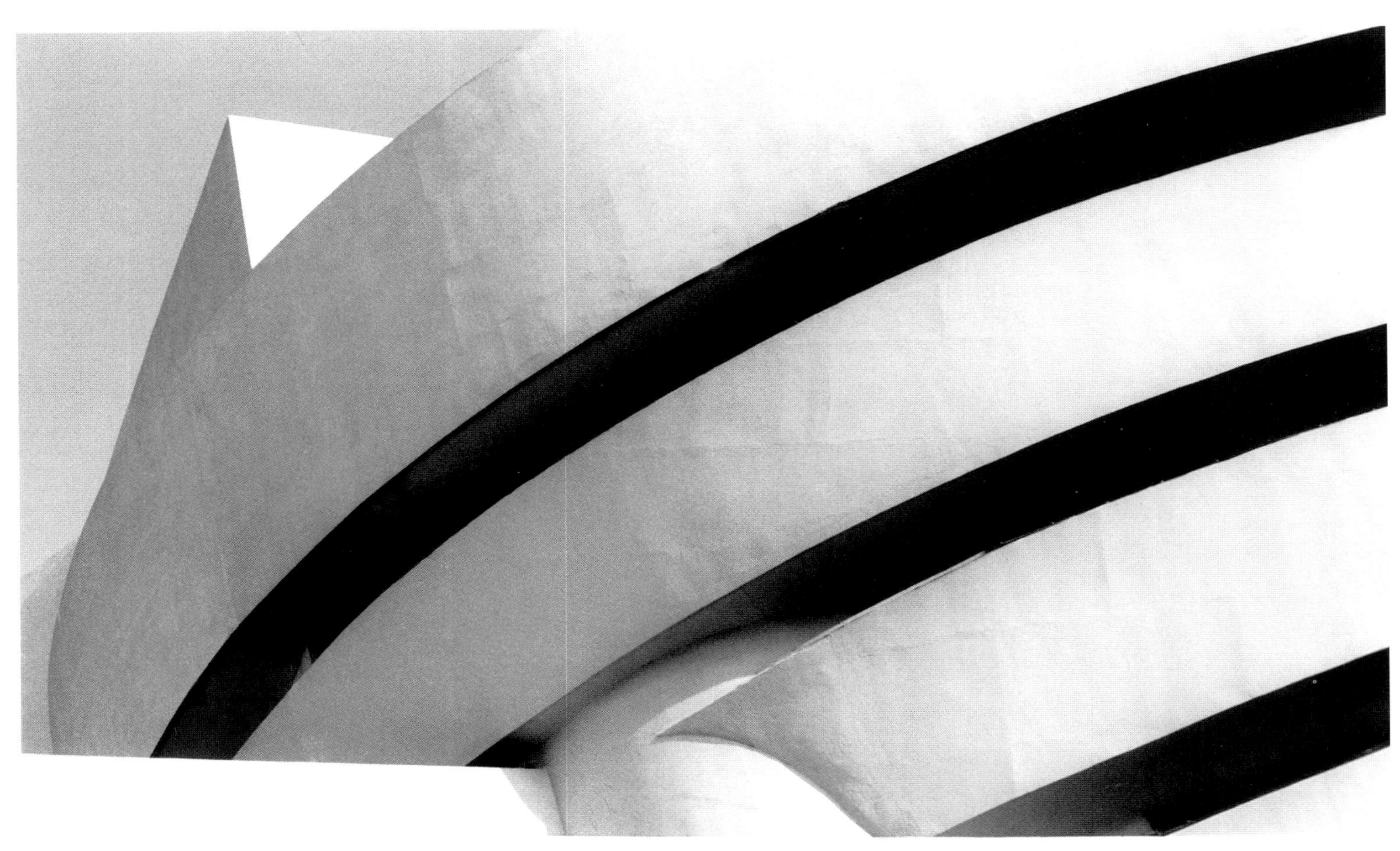

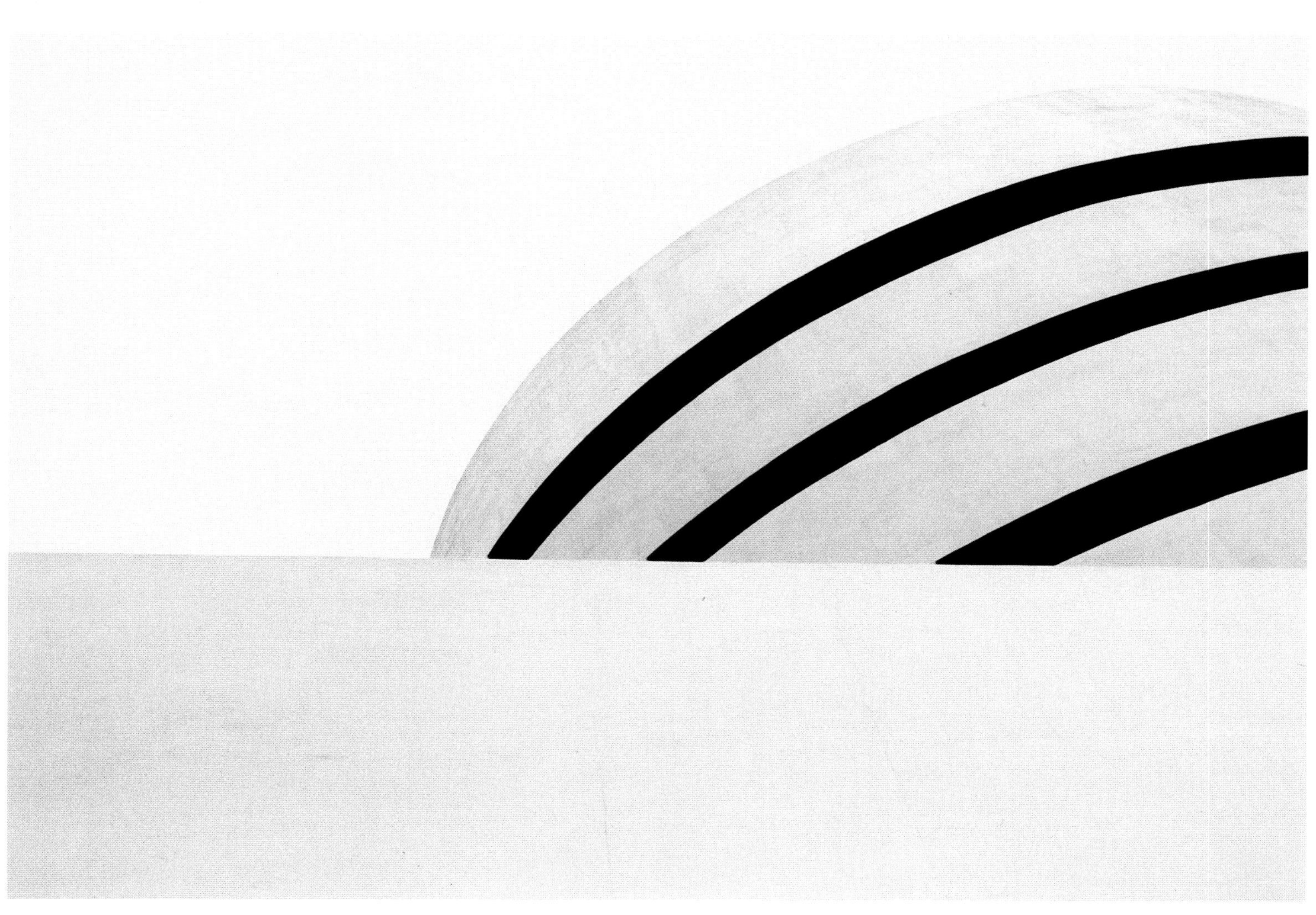

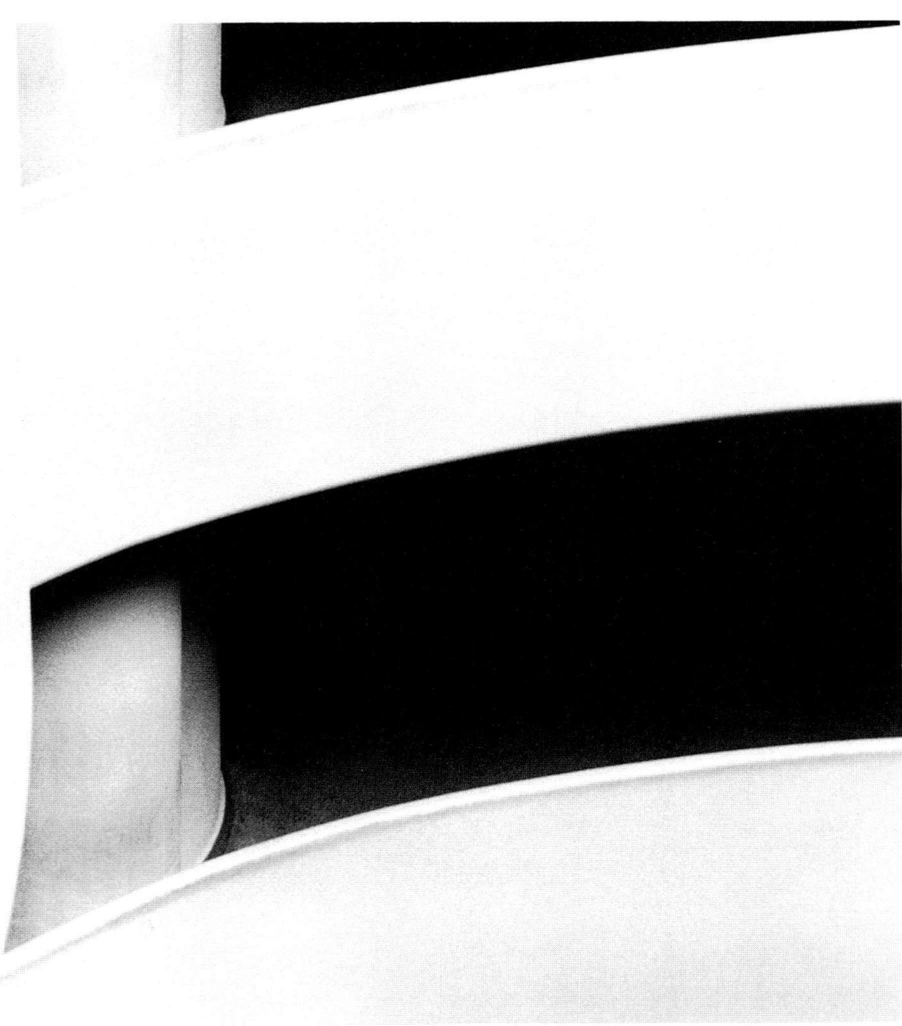

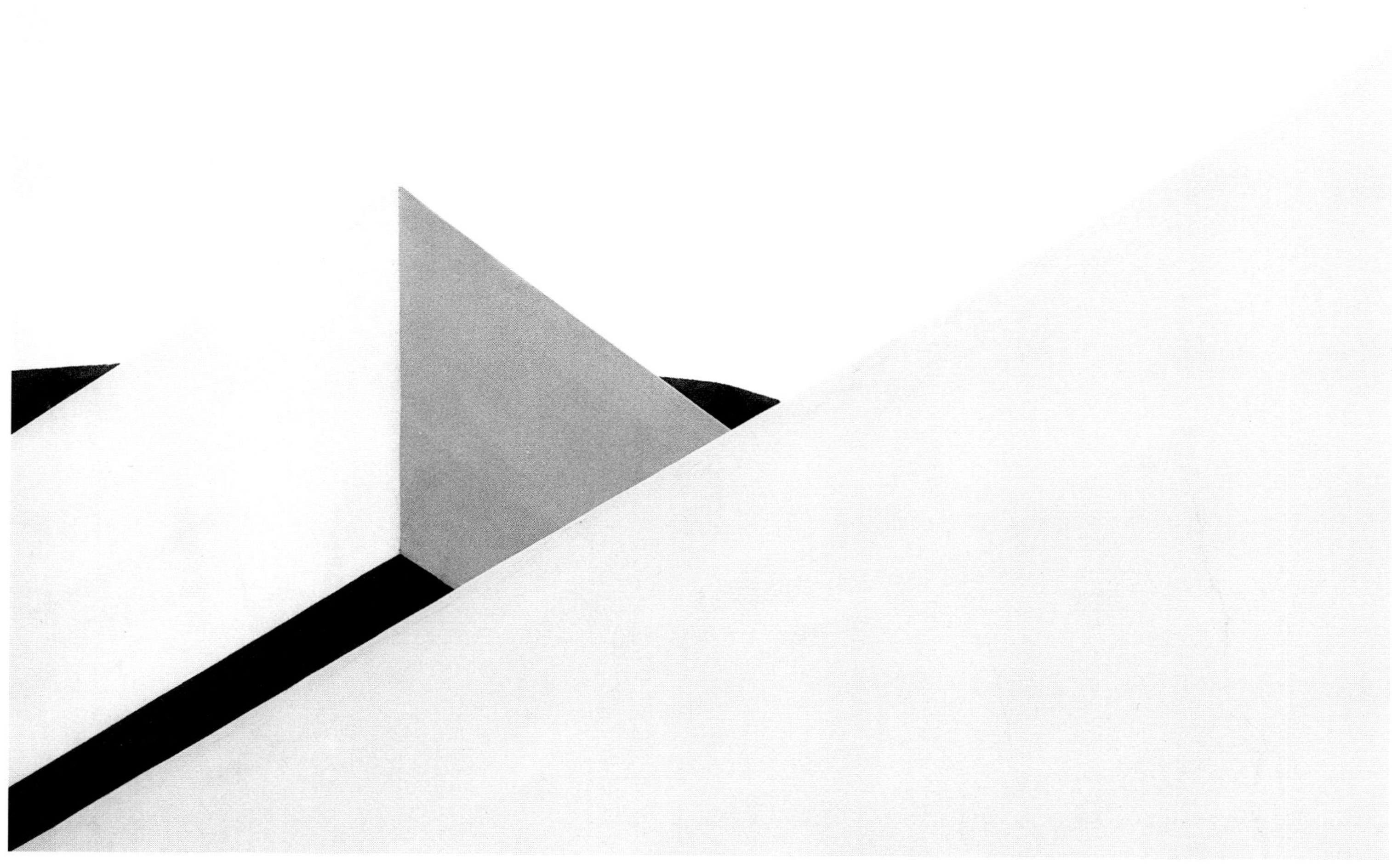

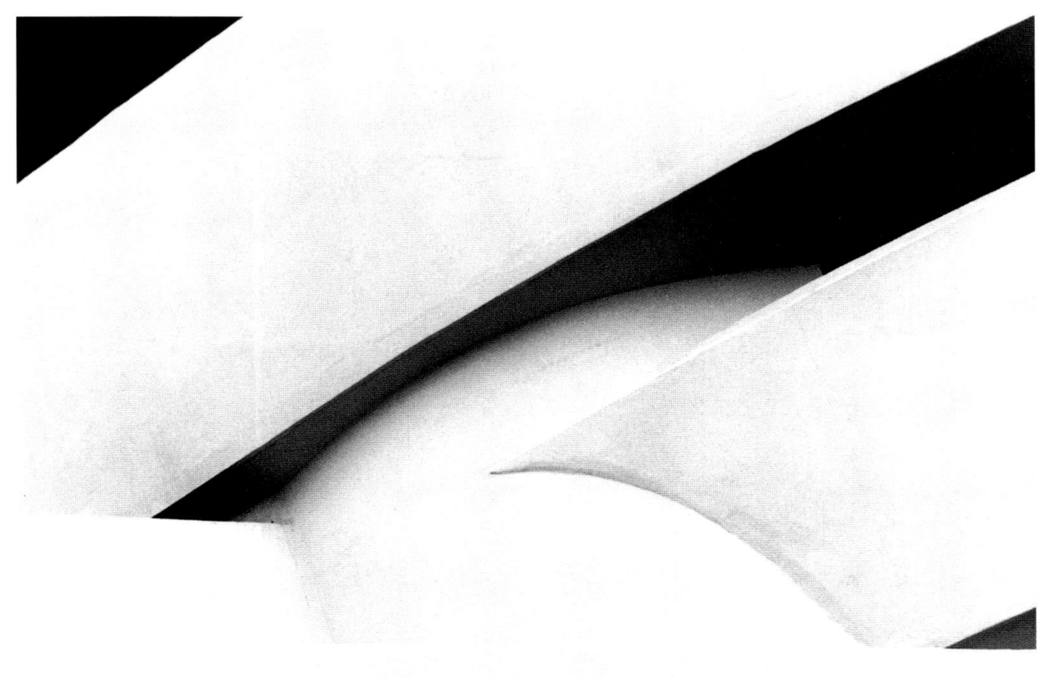

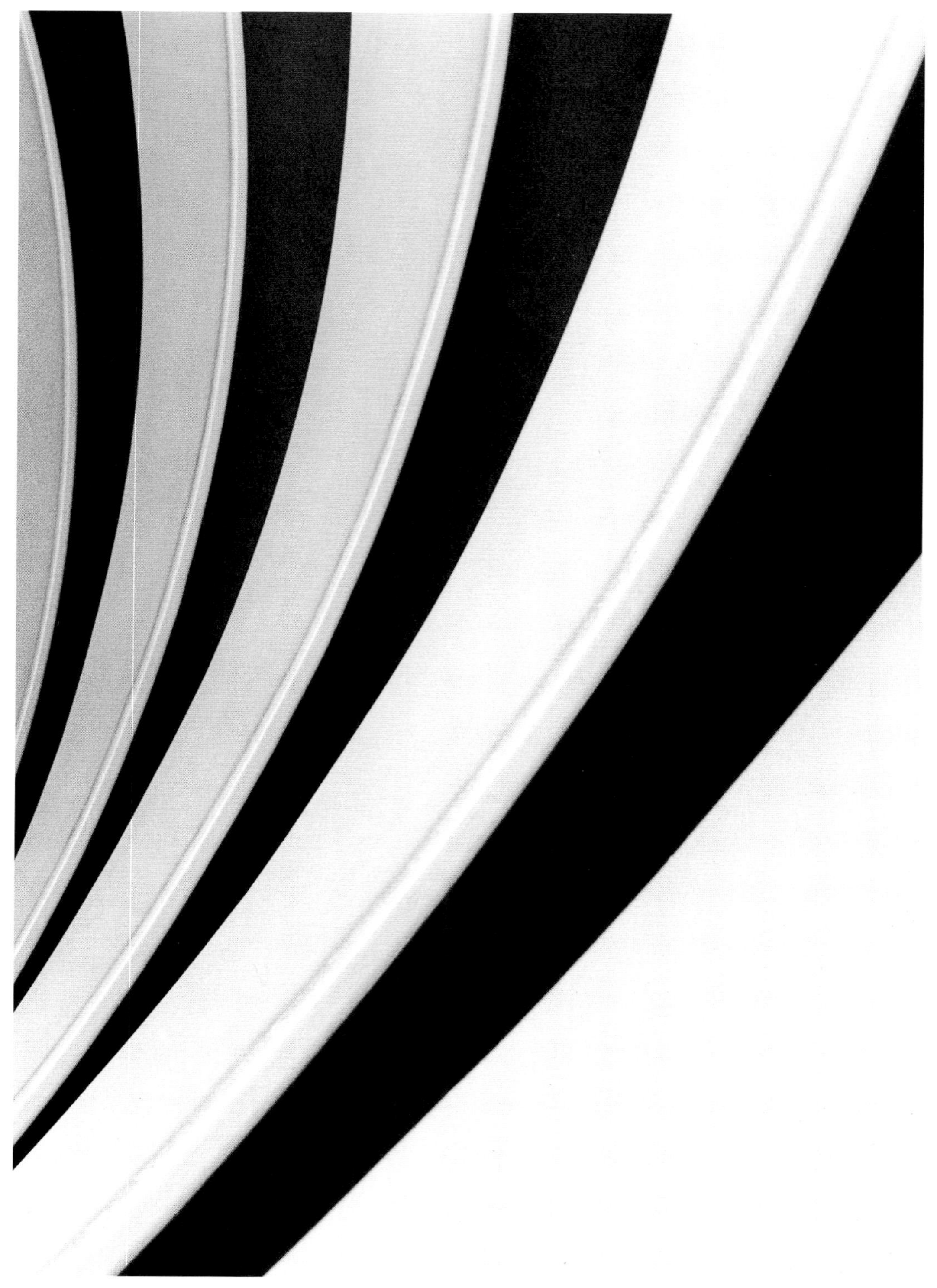

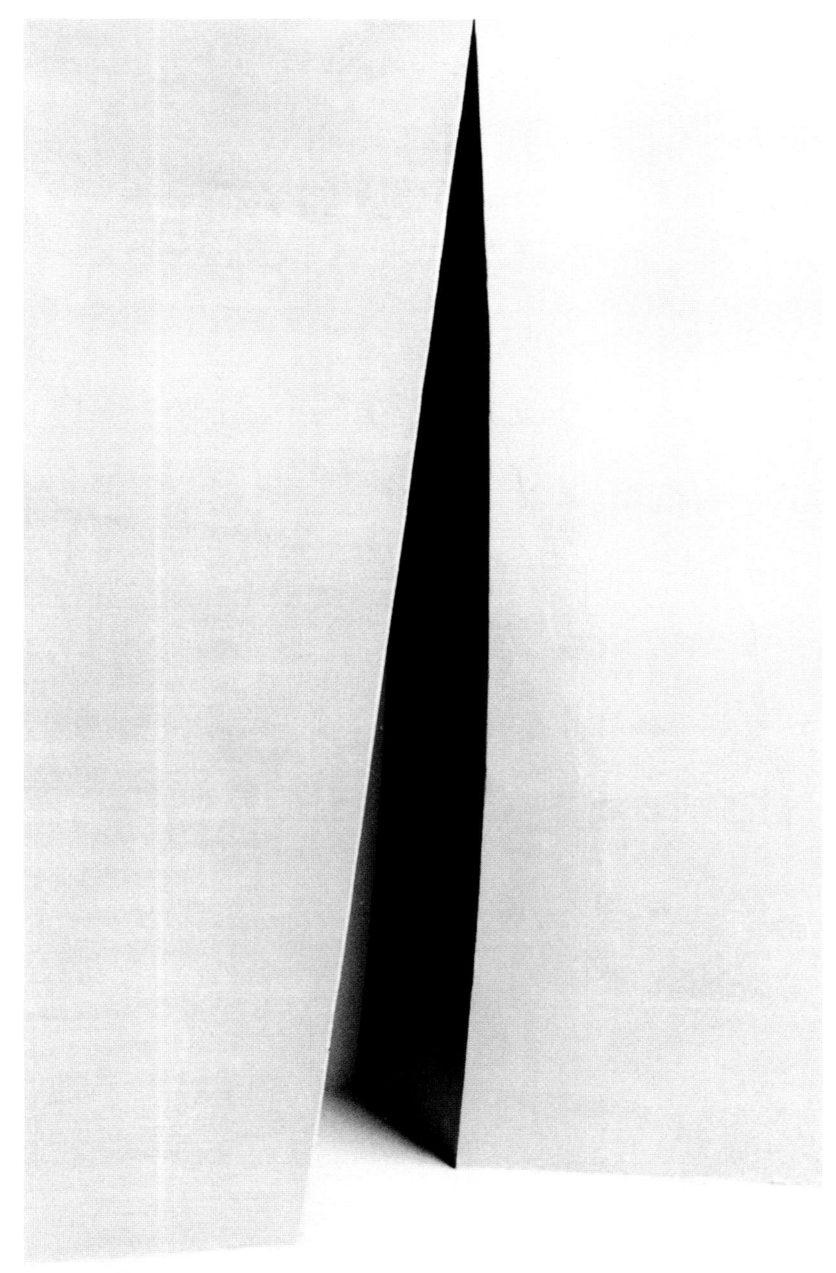

Whitney Museum, New York

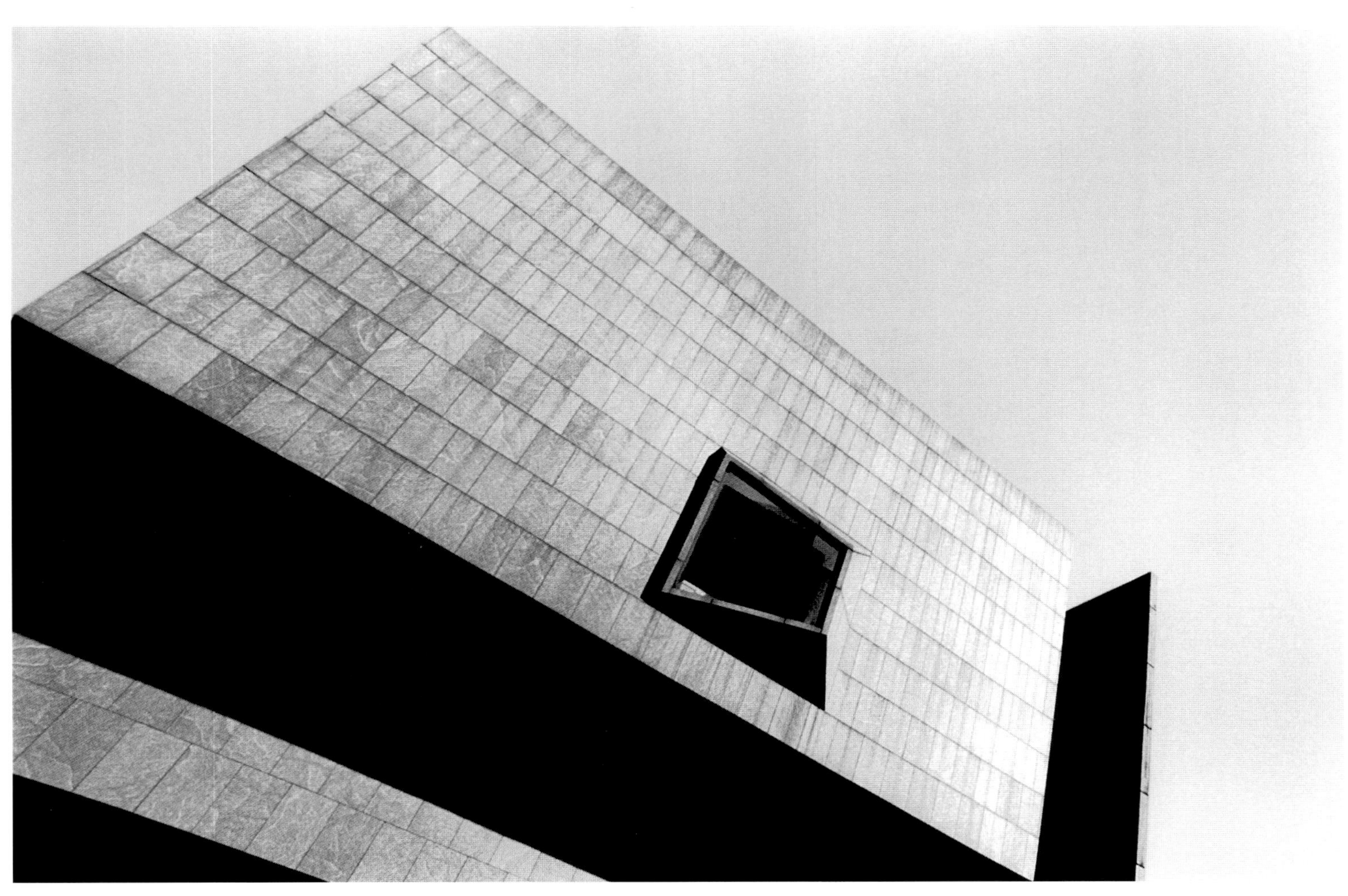

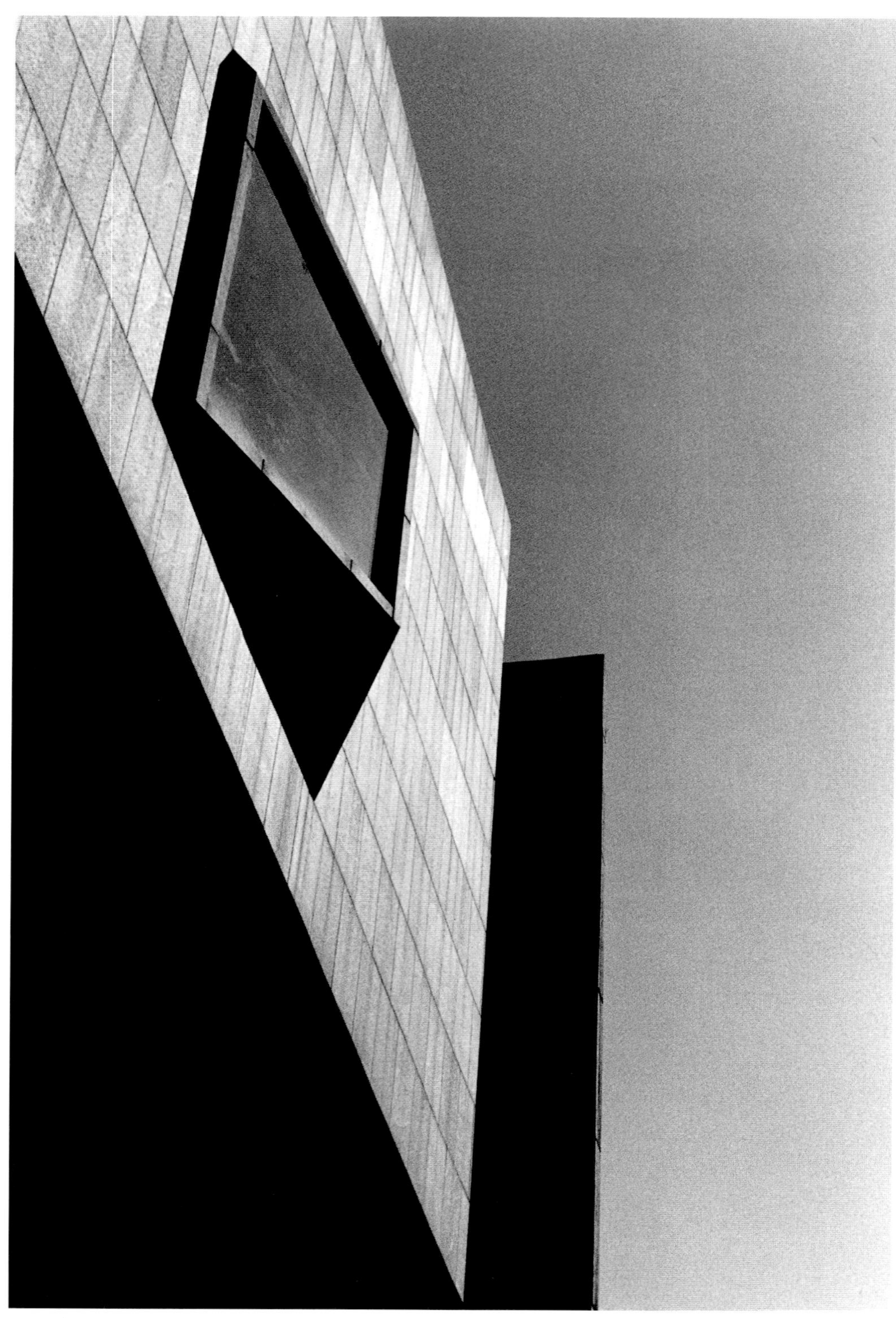

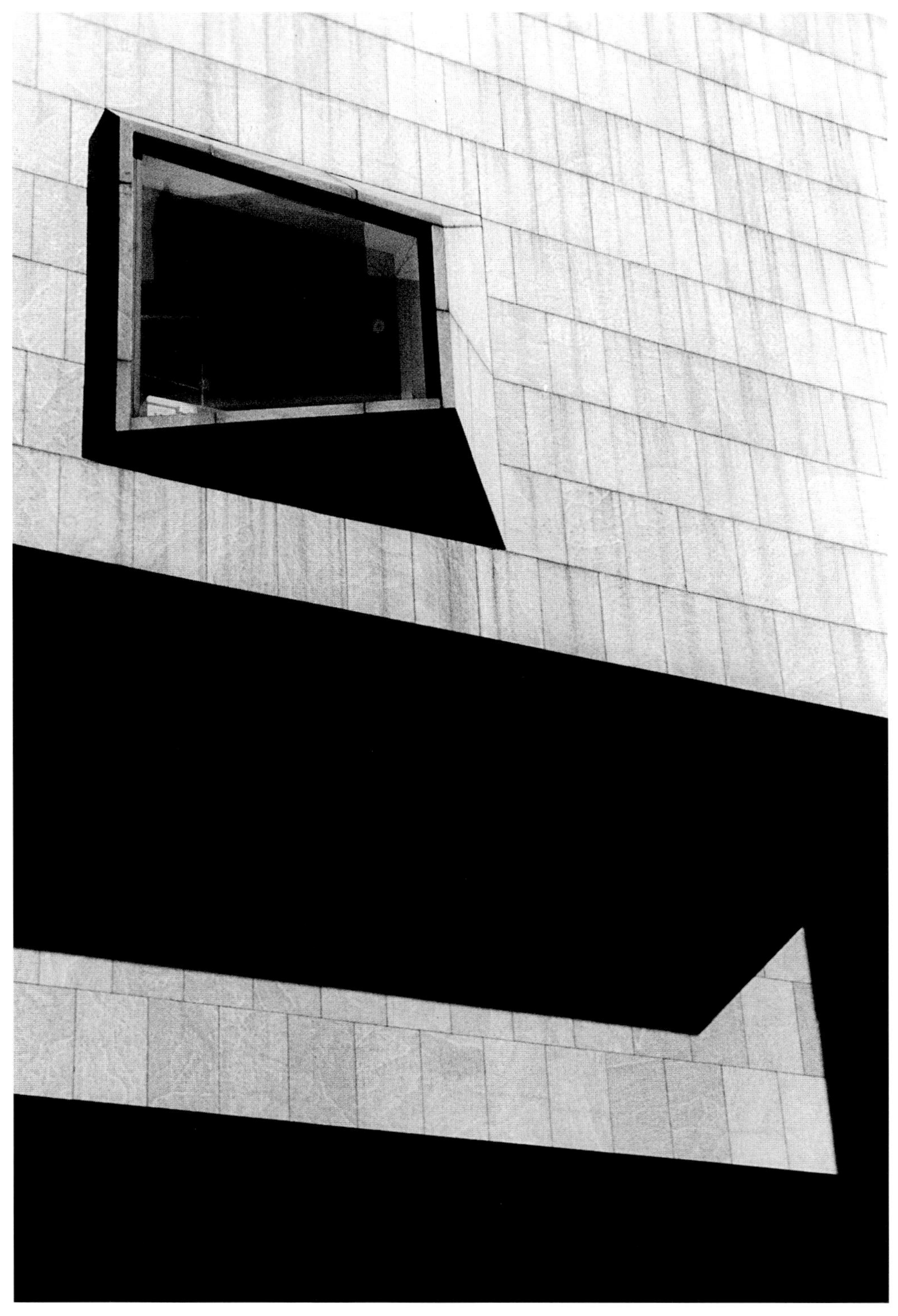

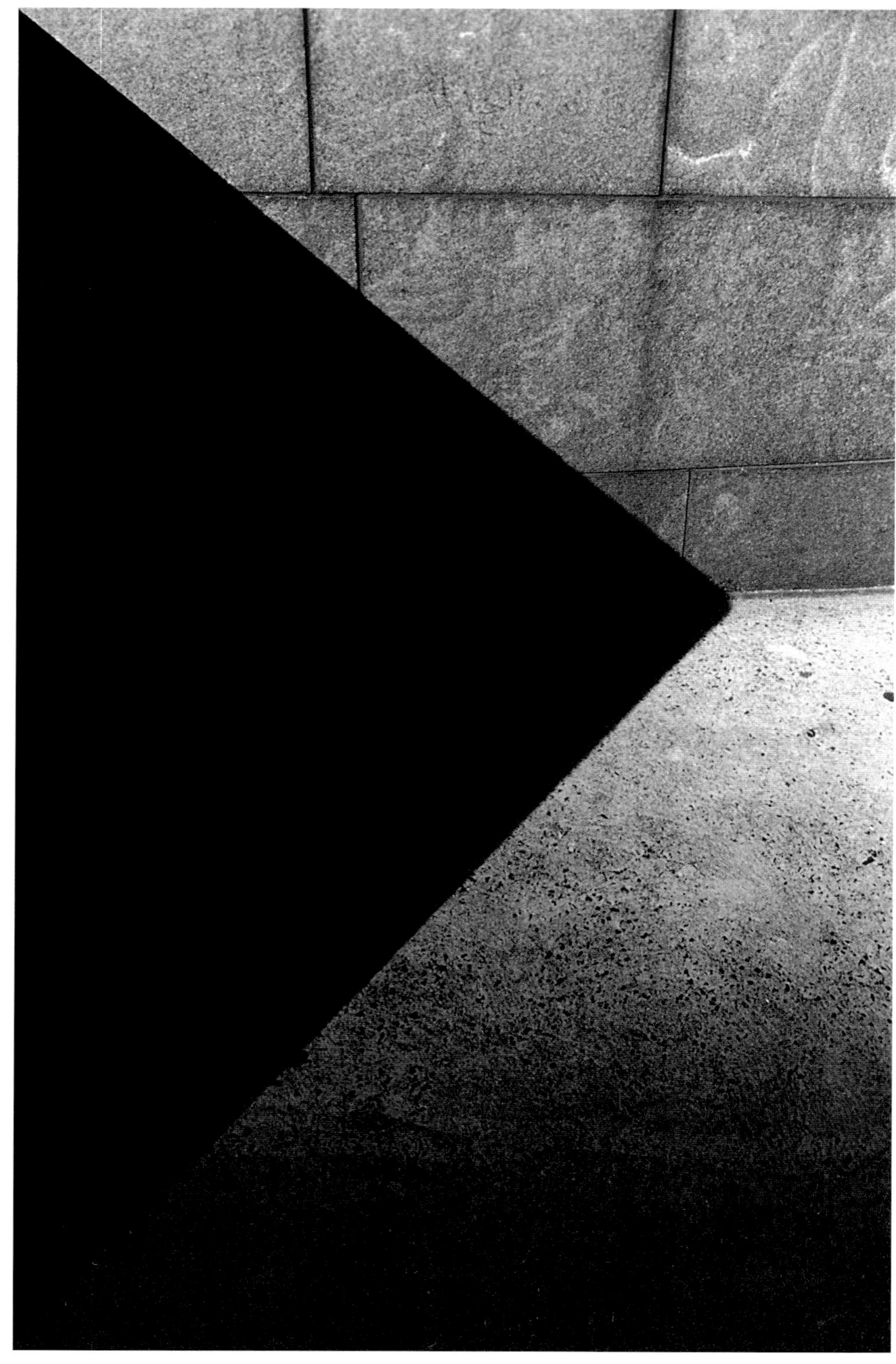

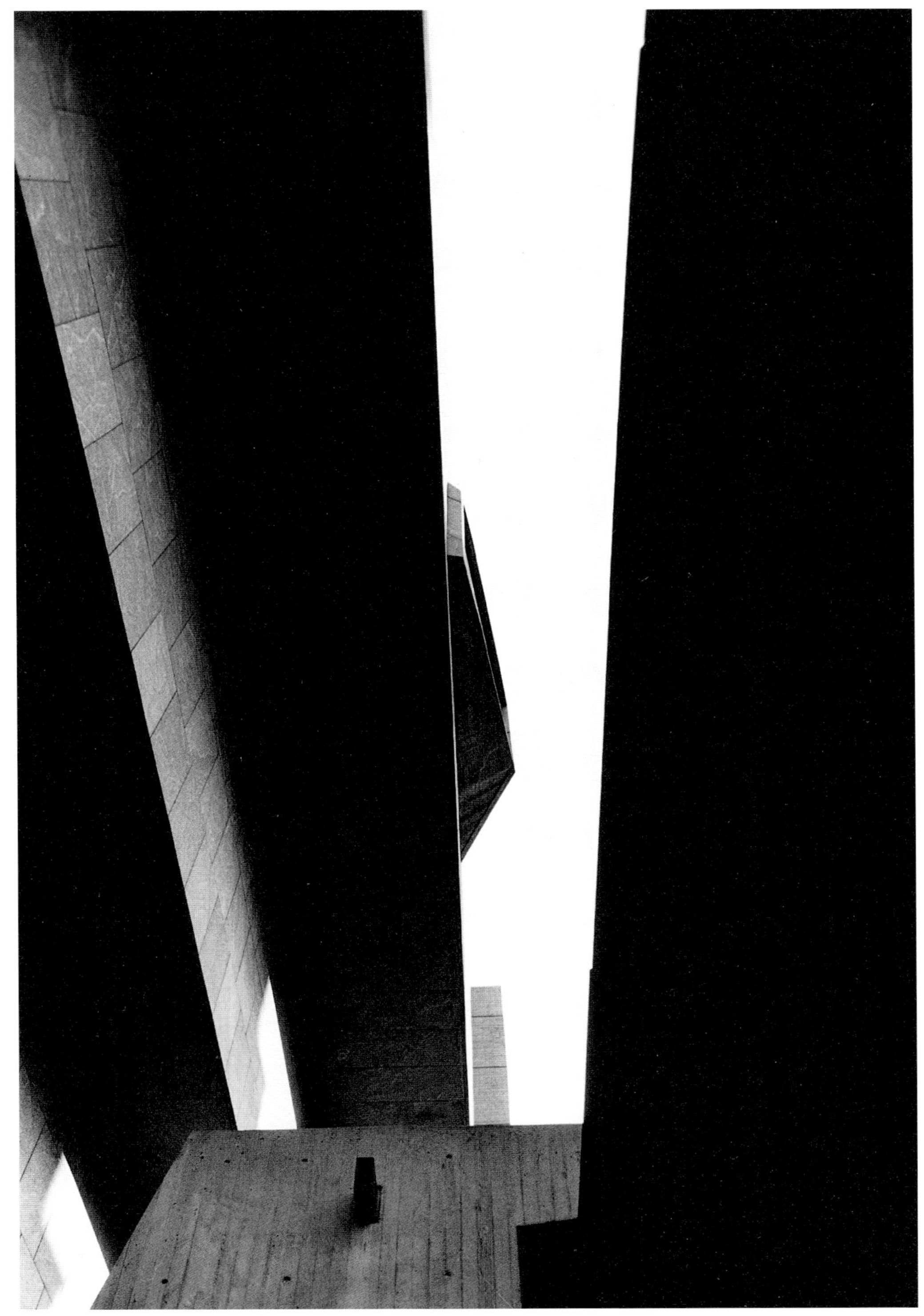

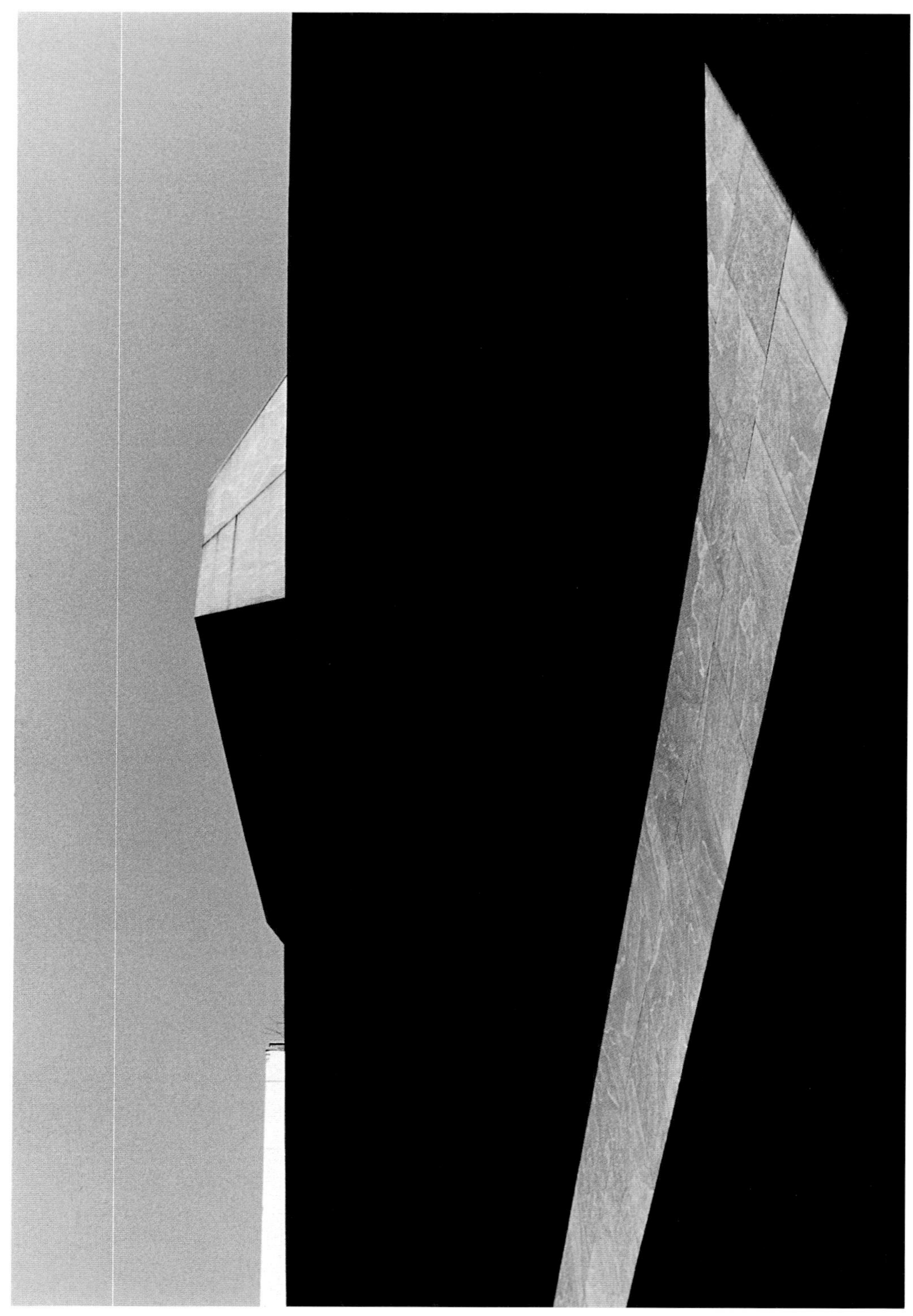

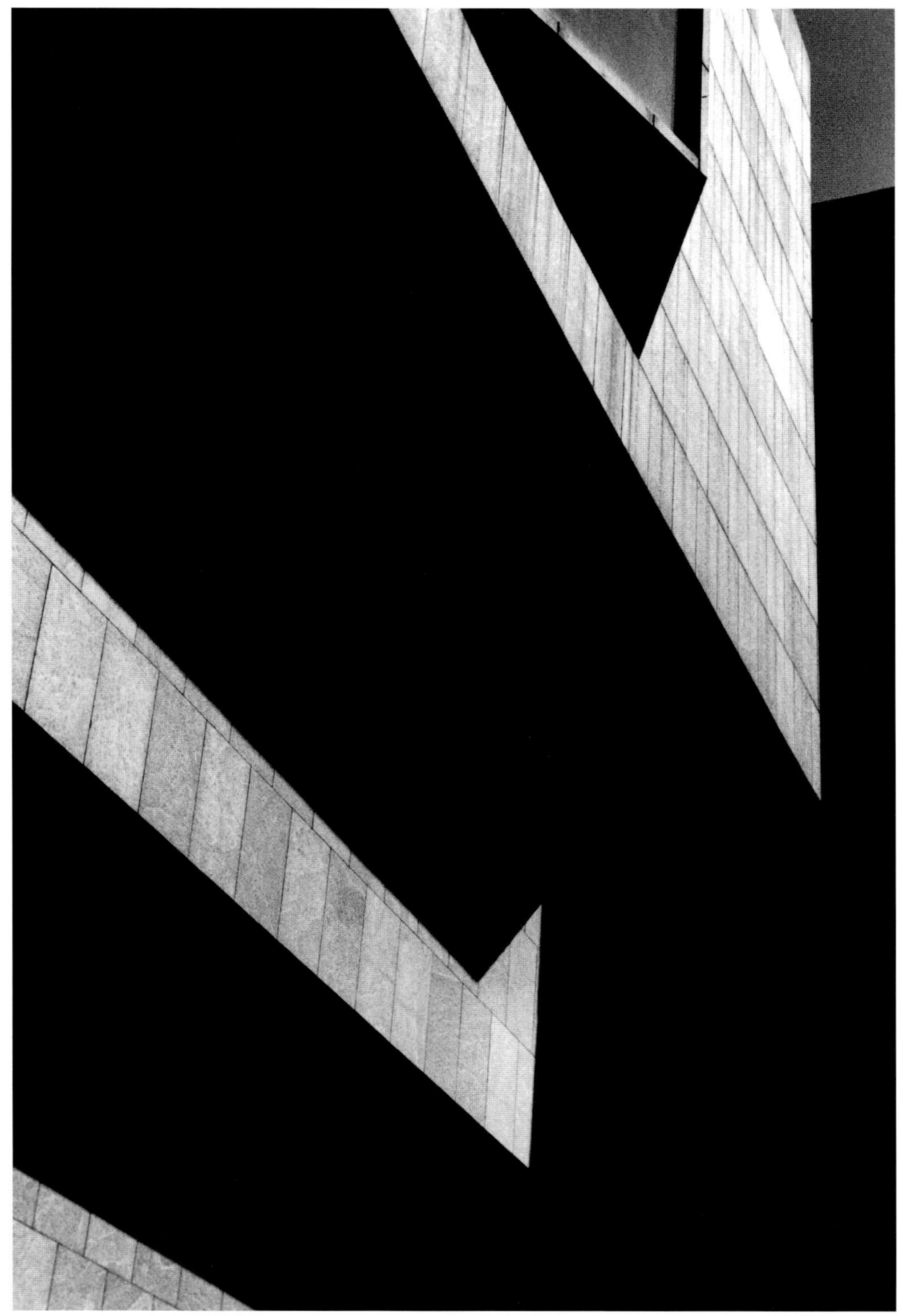

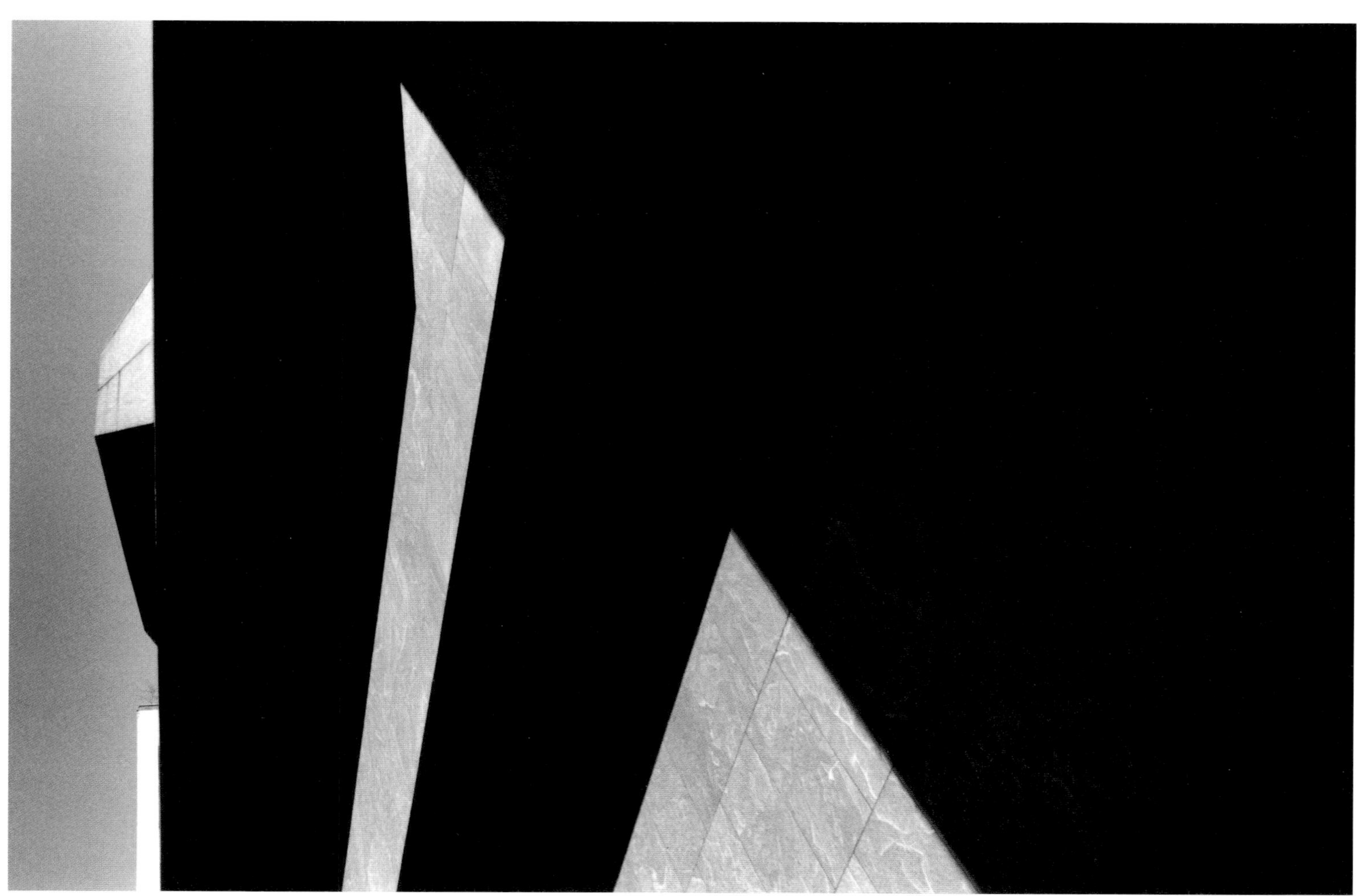

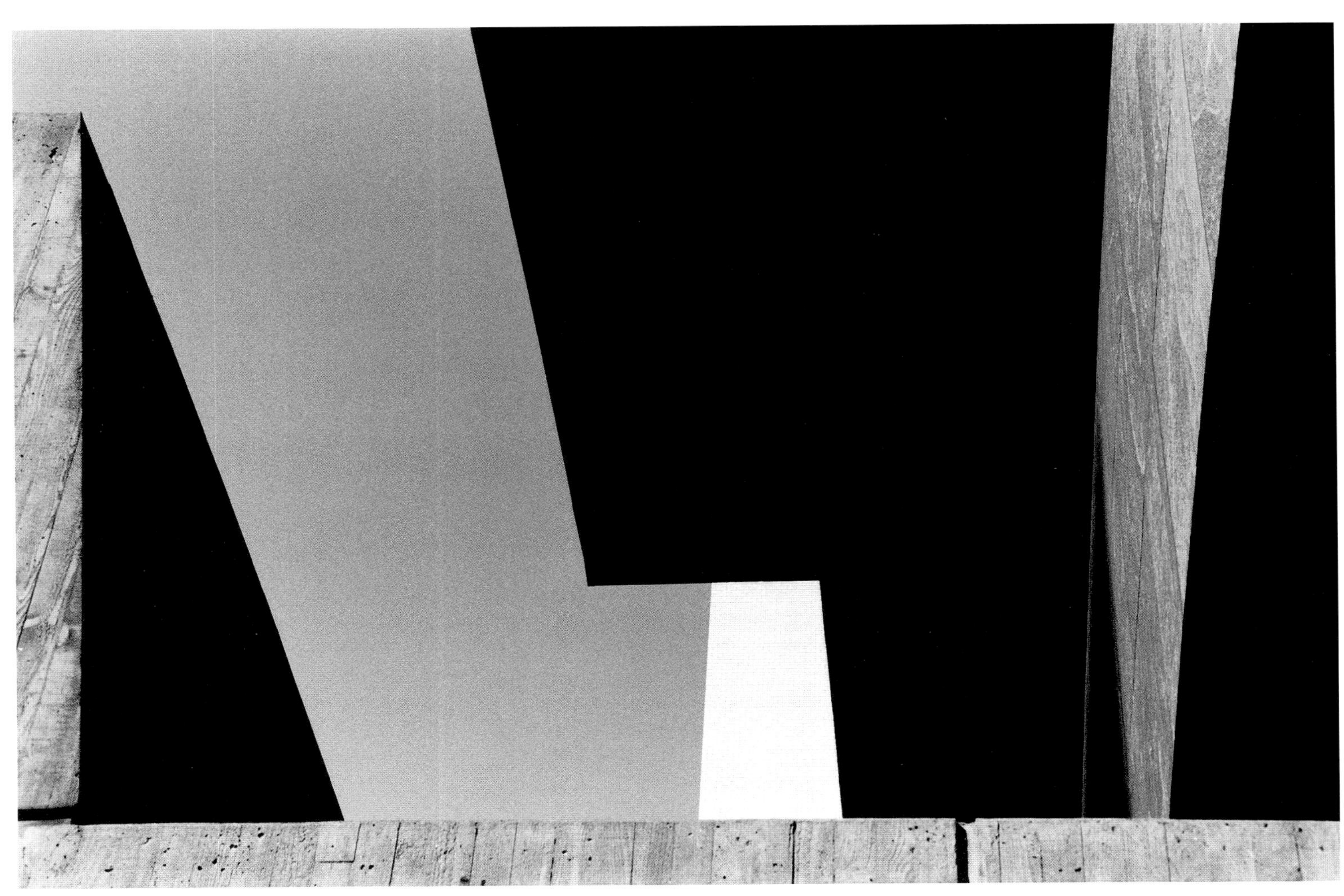

Guggenheim Museum, Bilbao

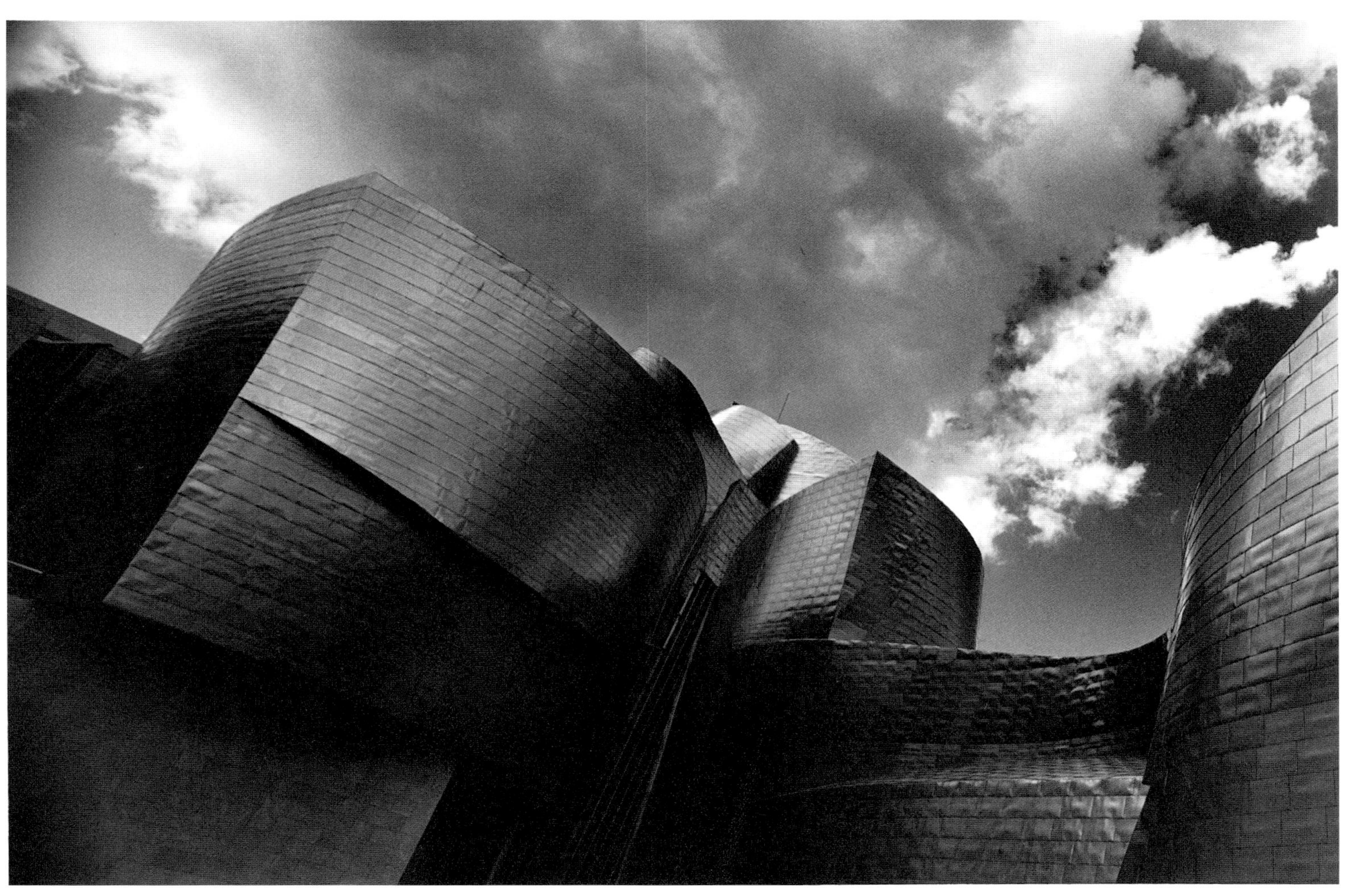

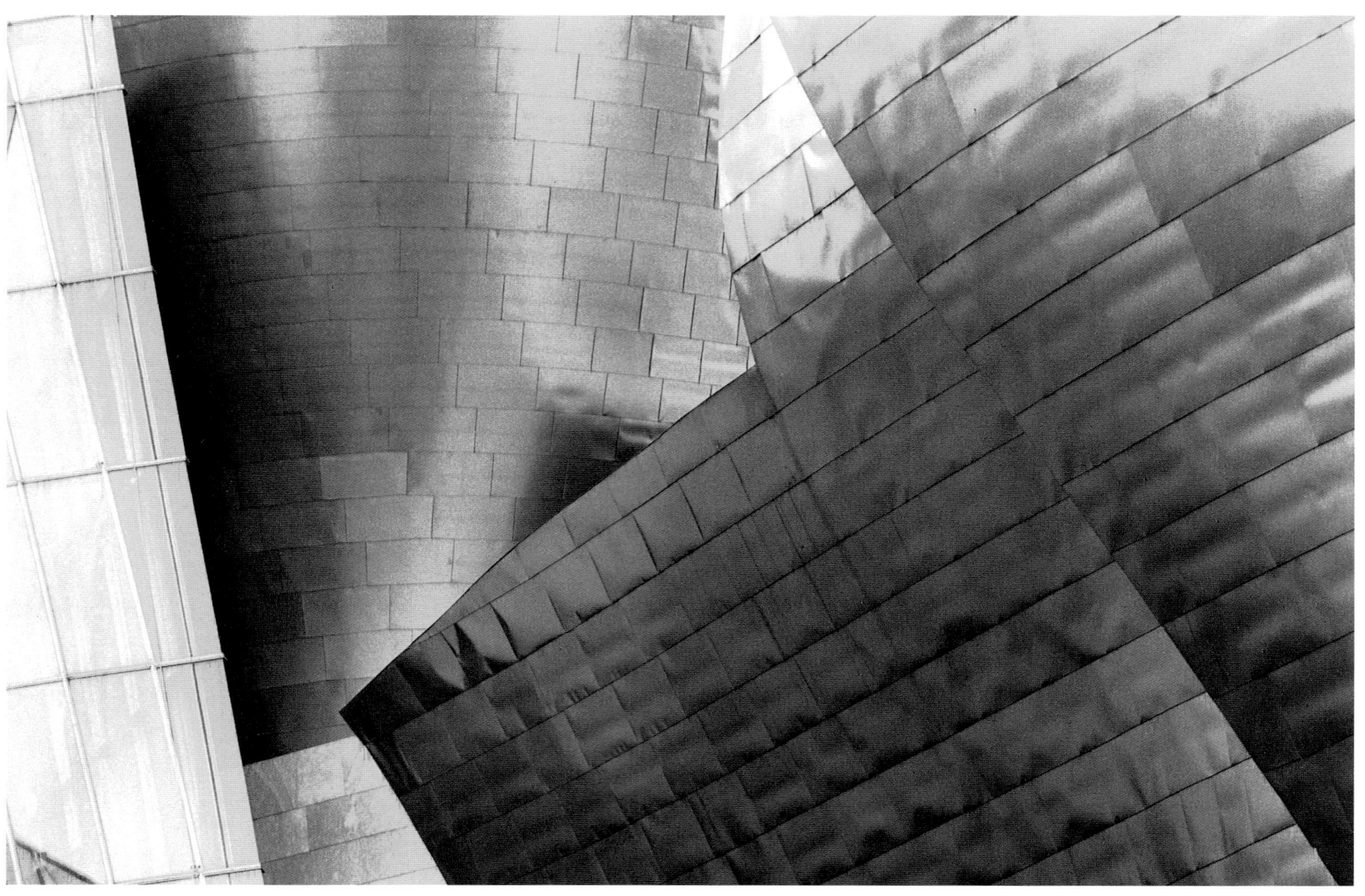

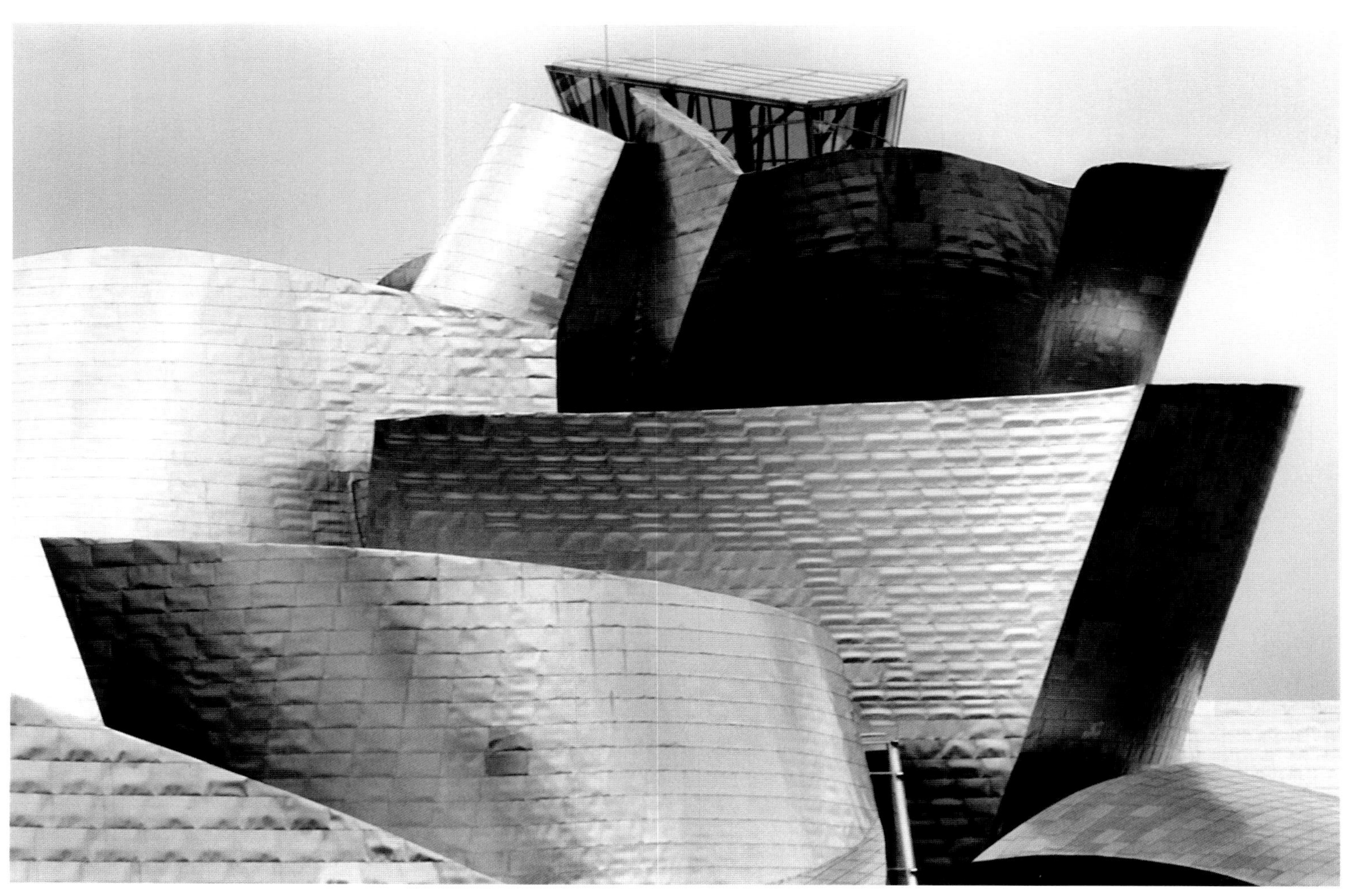

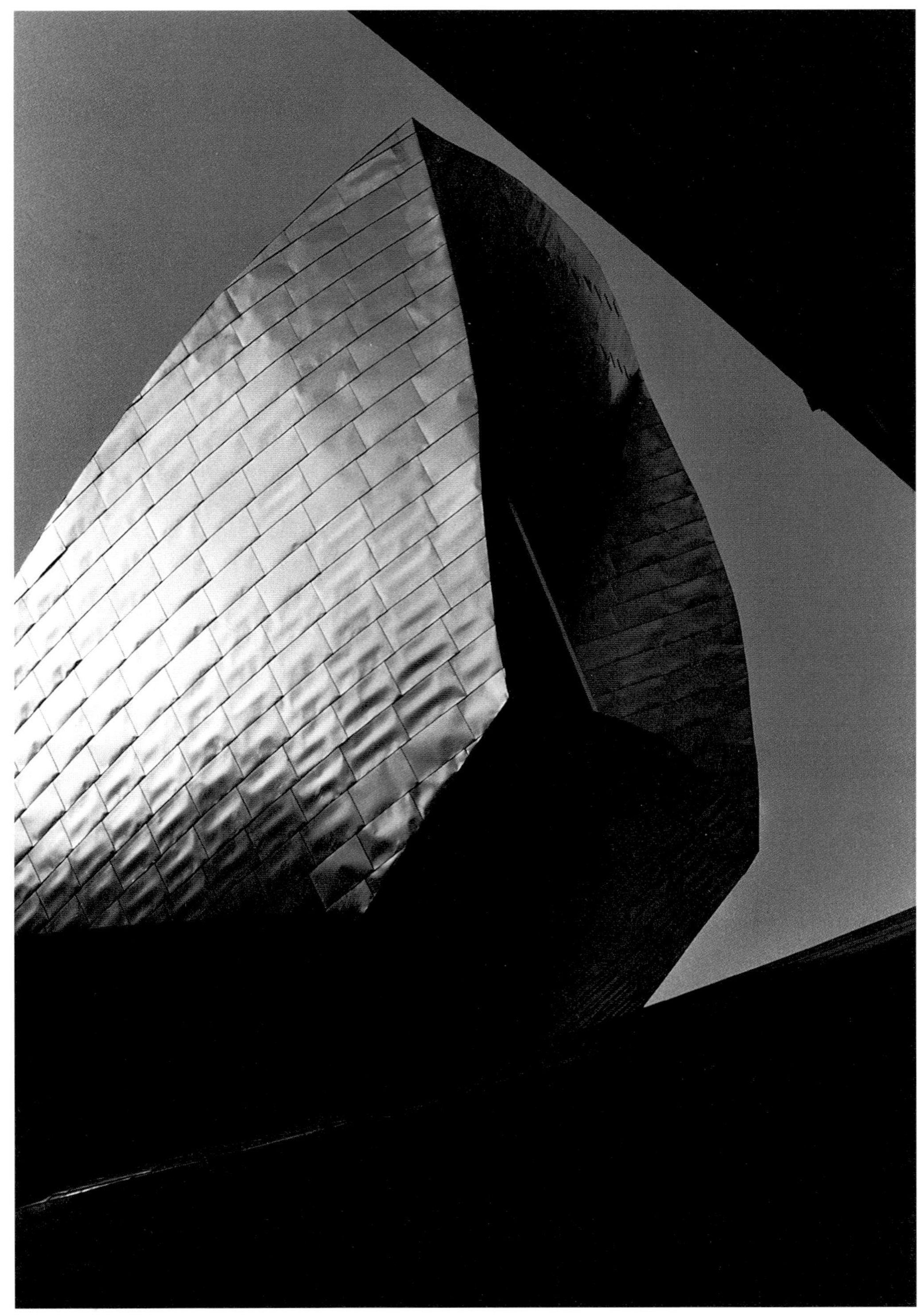

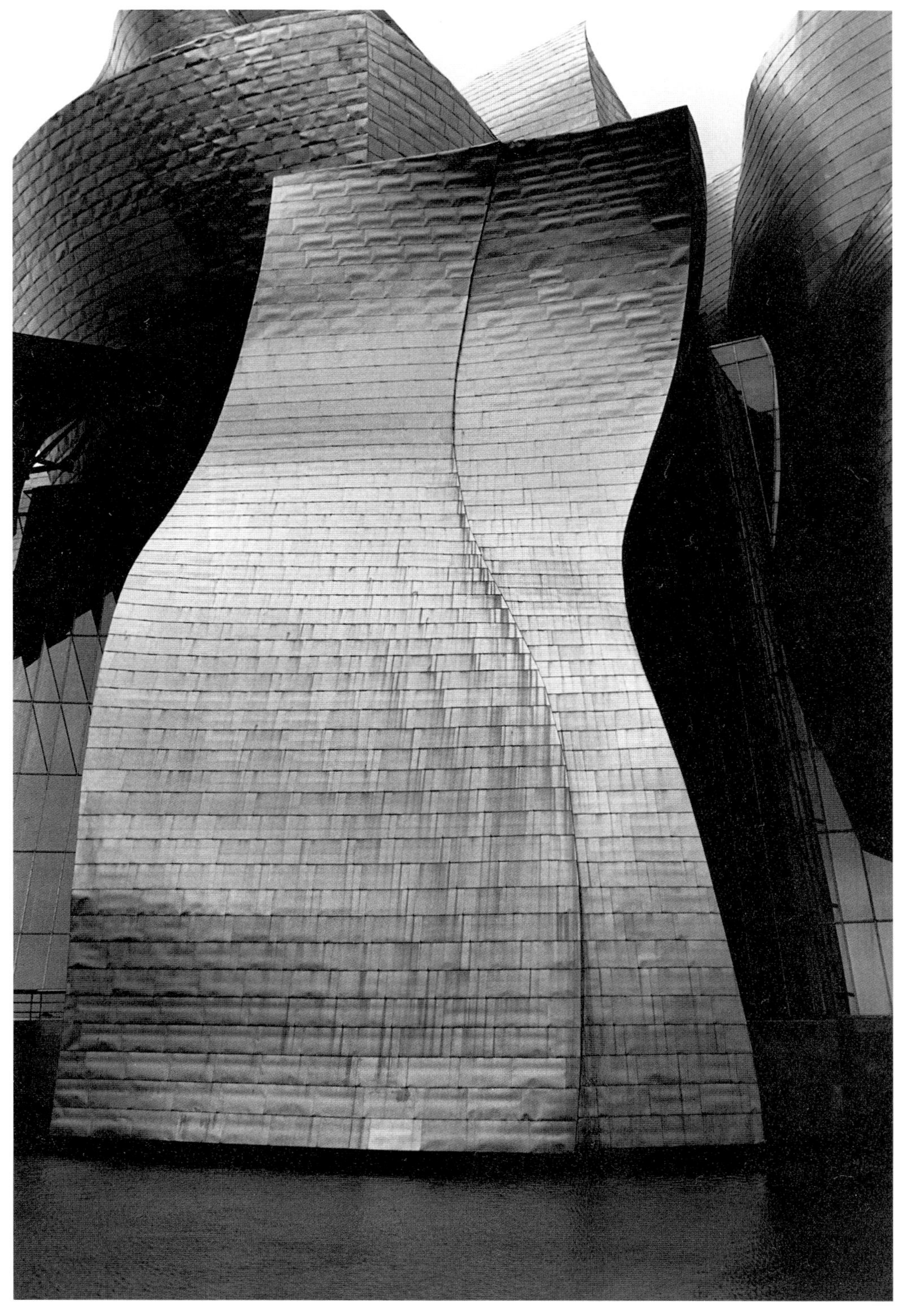

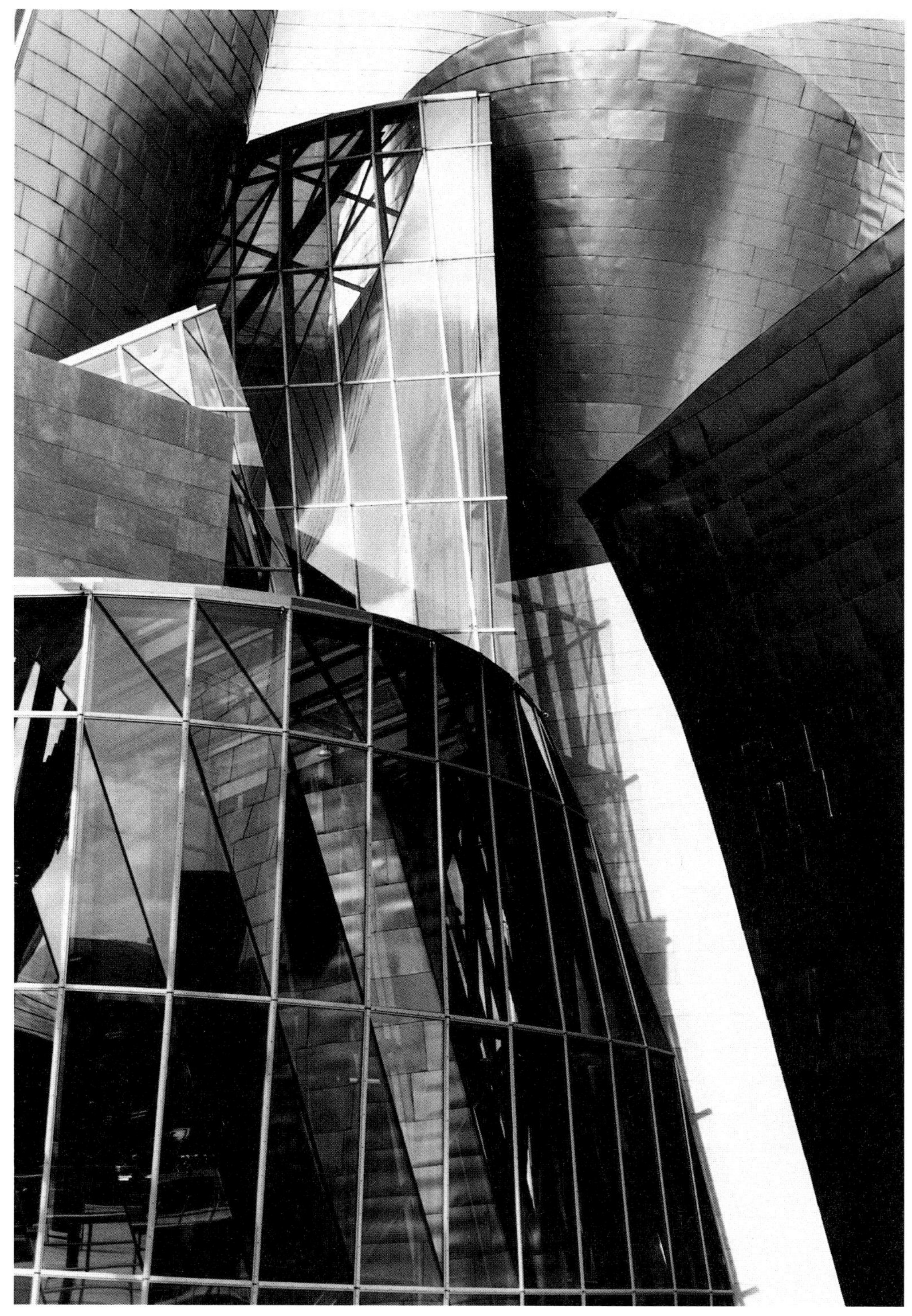

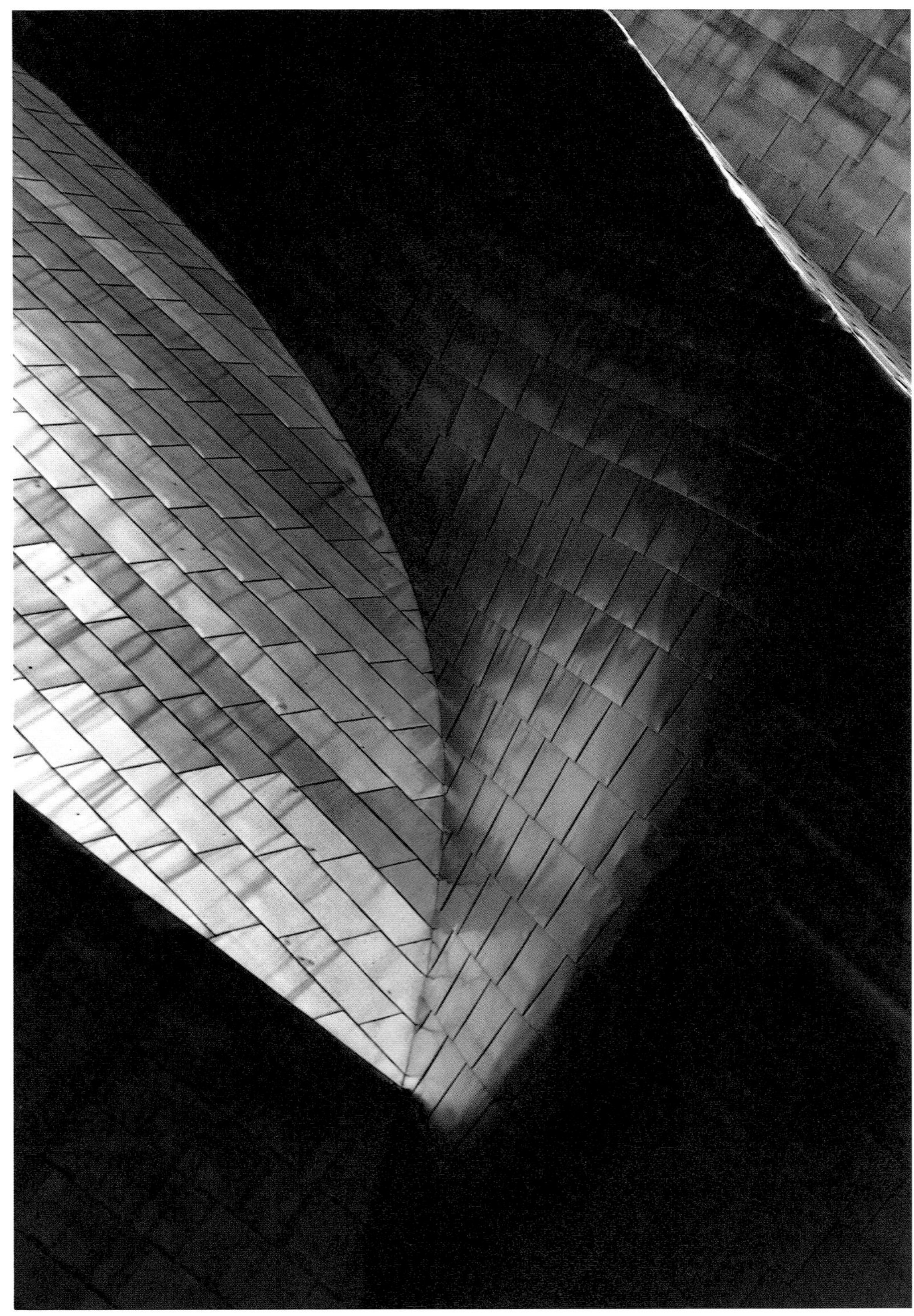

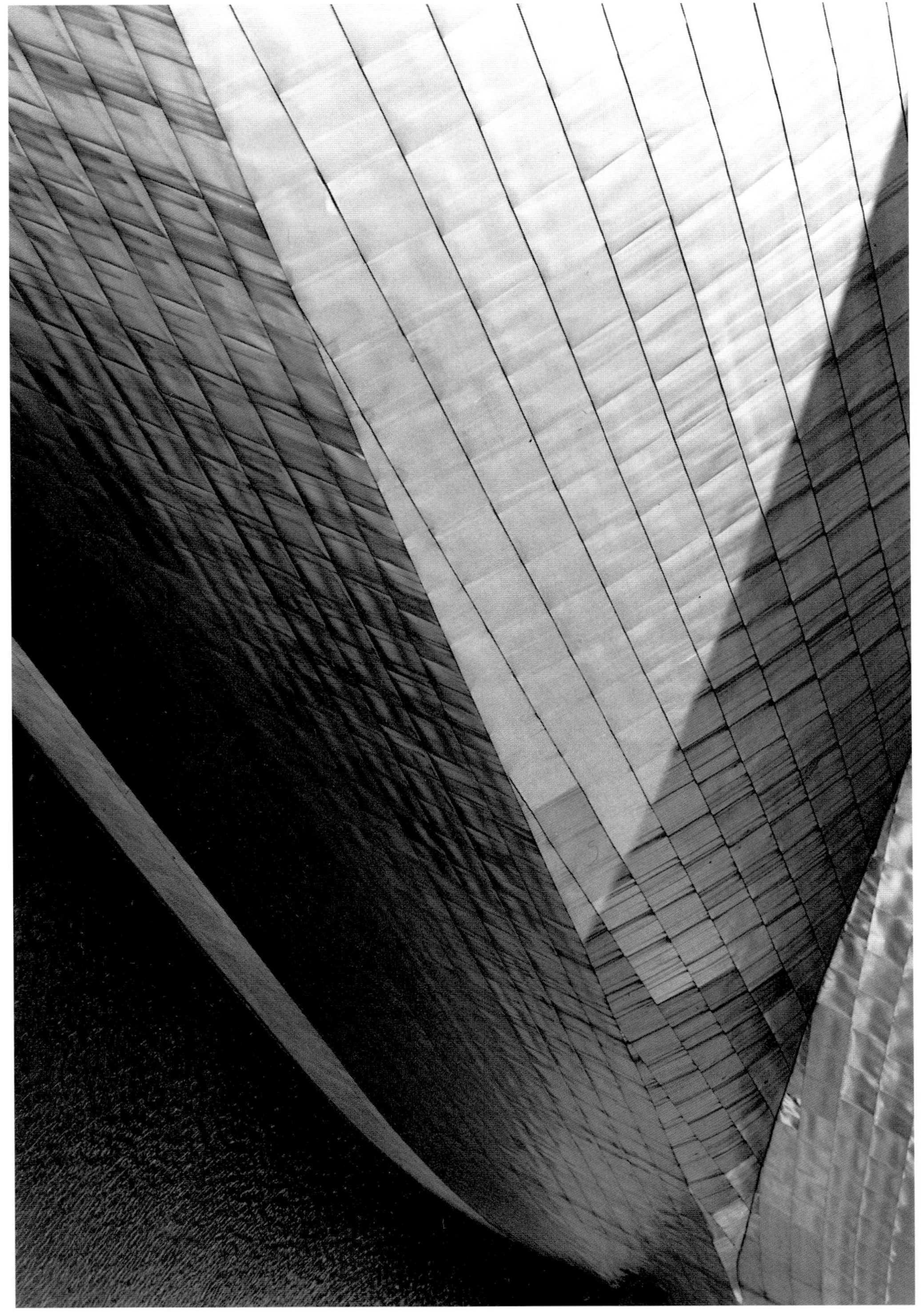

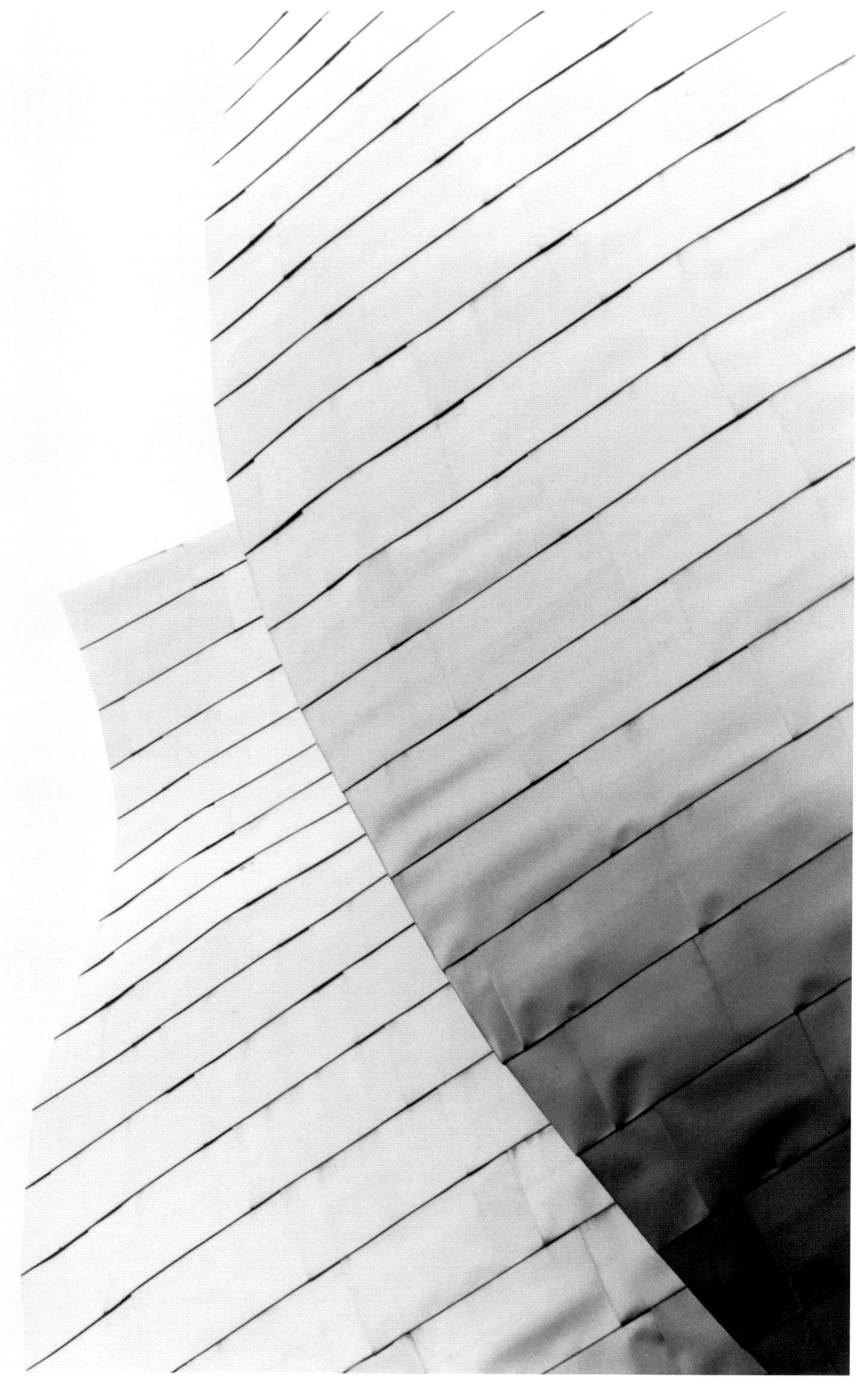

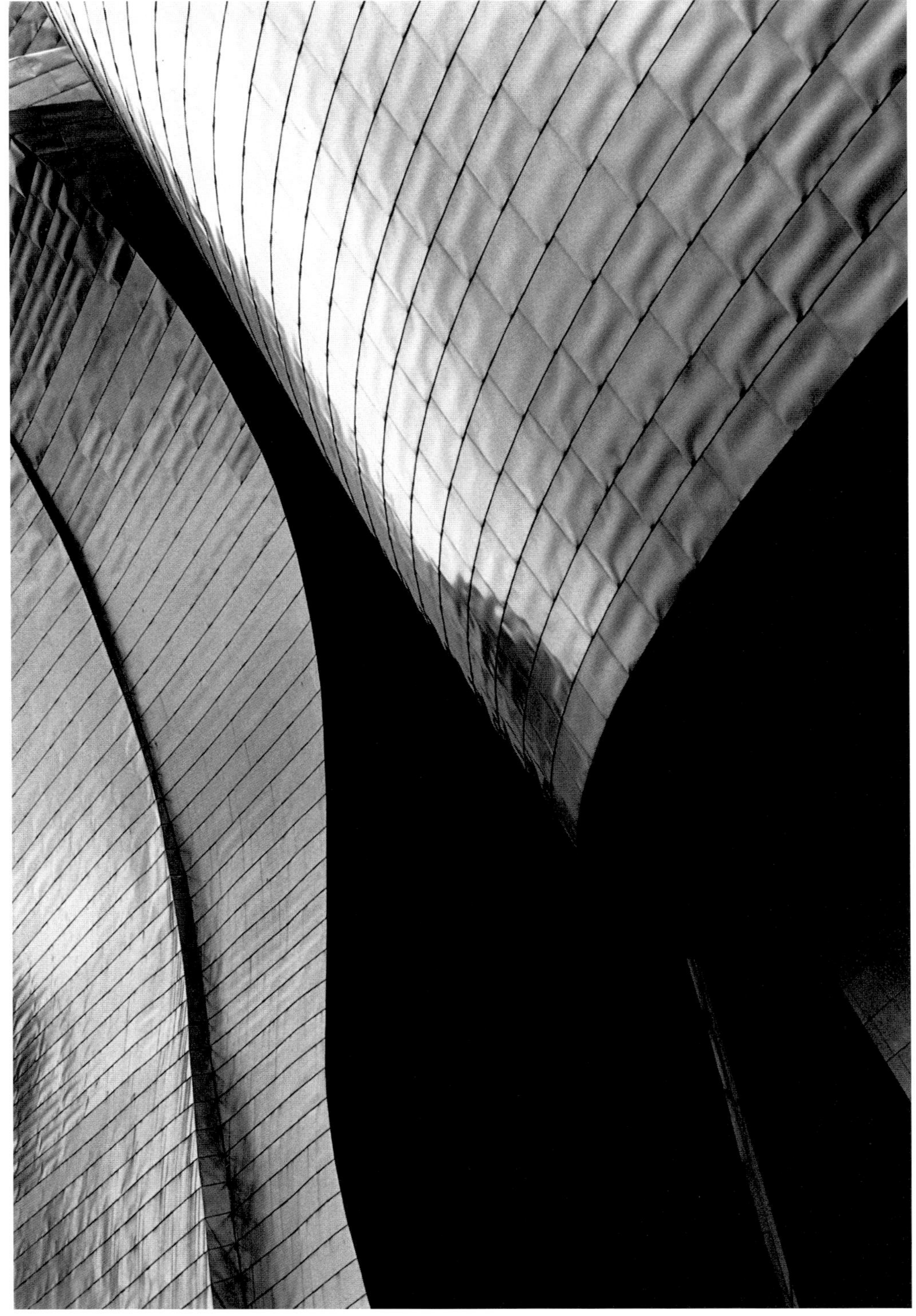

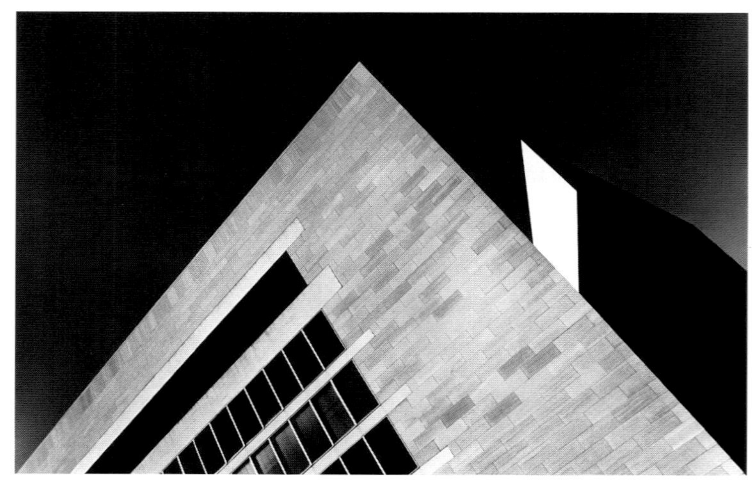
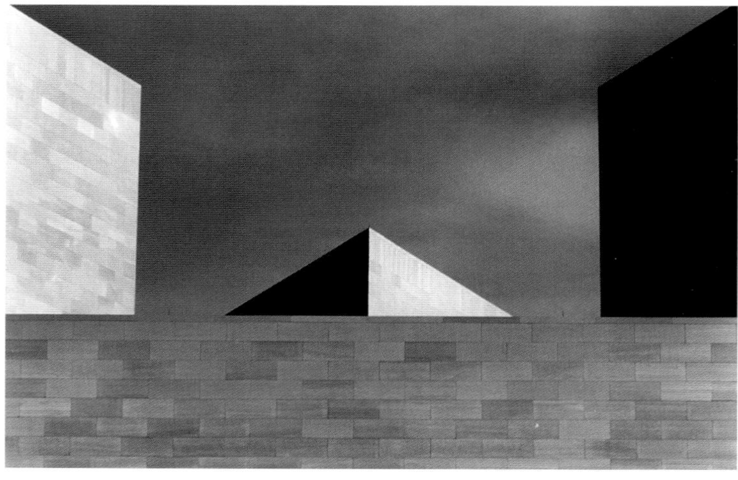
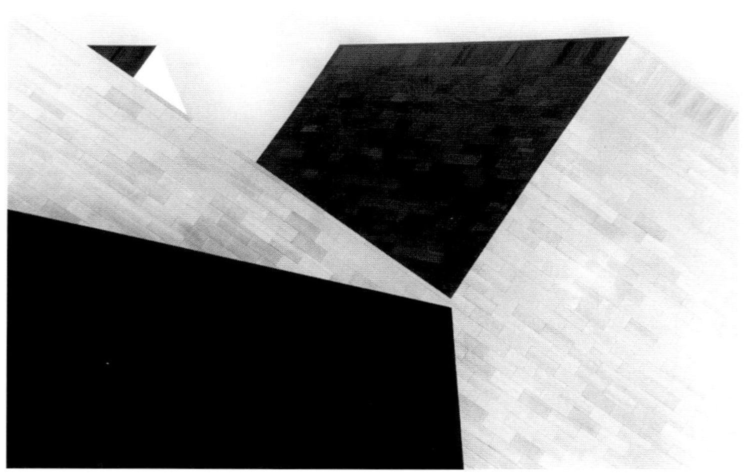
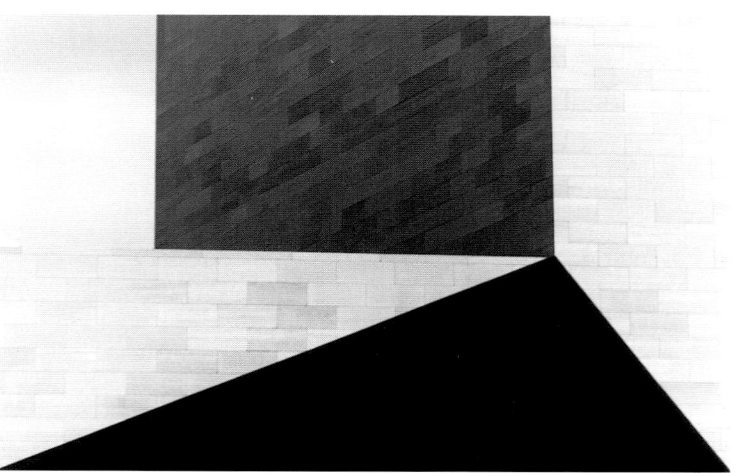

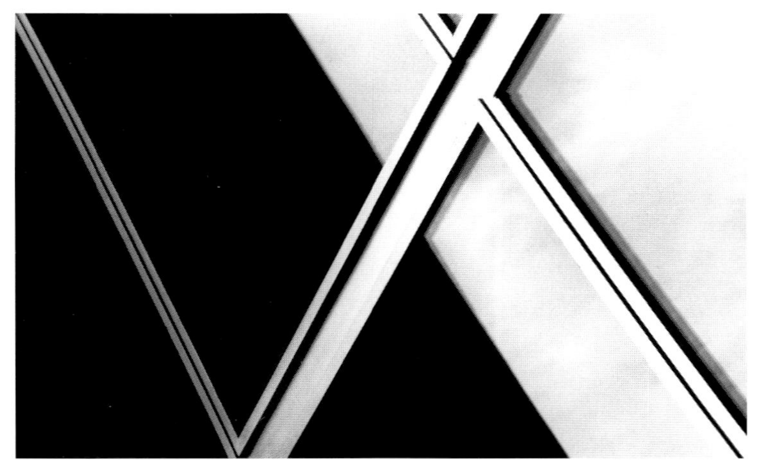
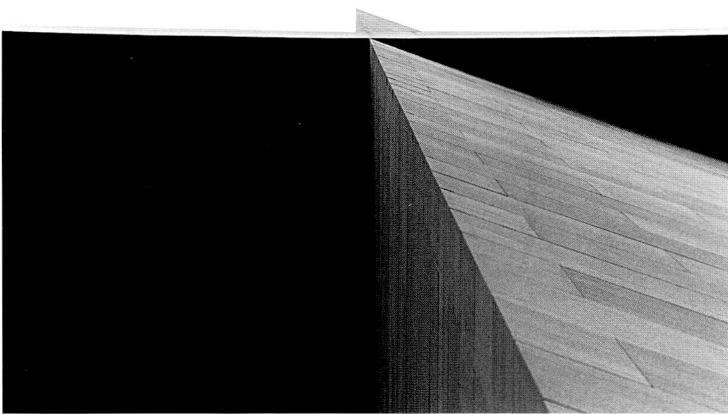
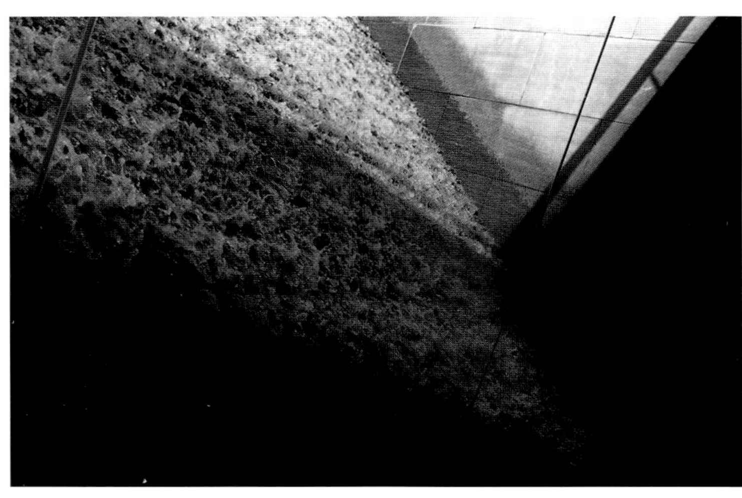
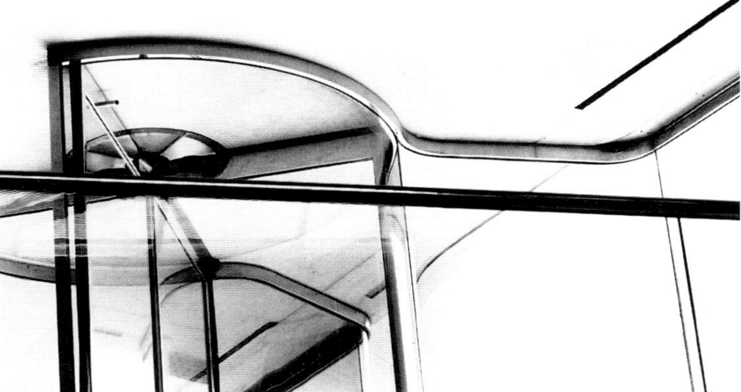

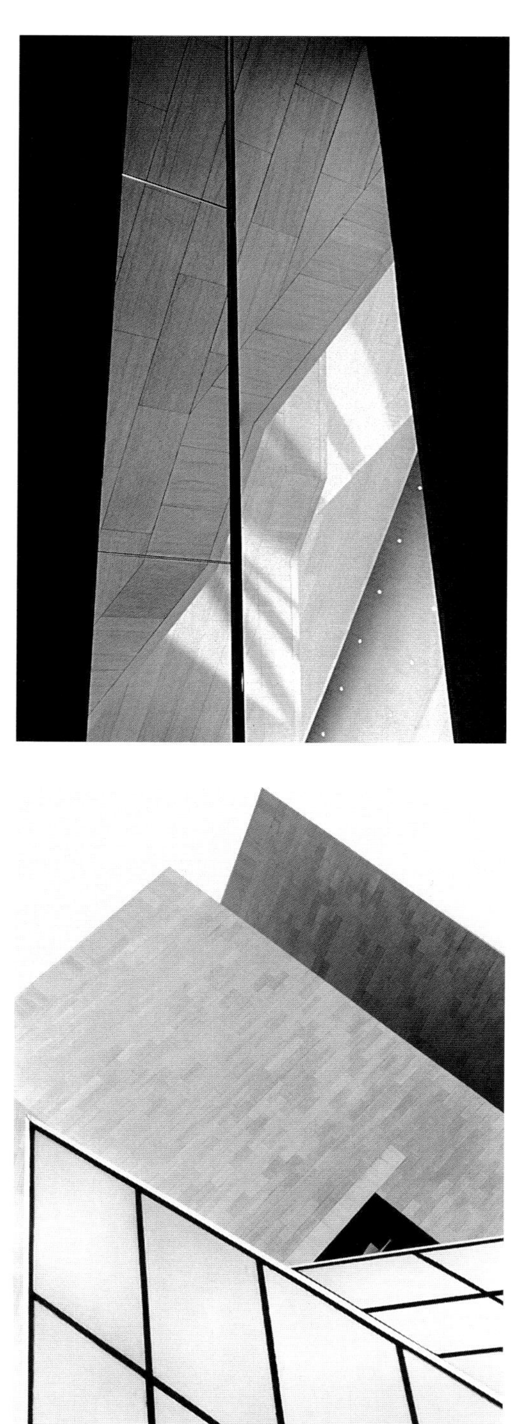
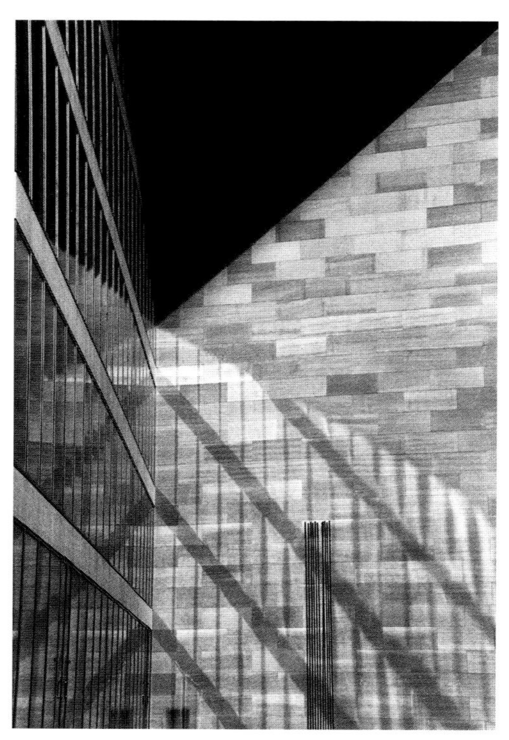
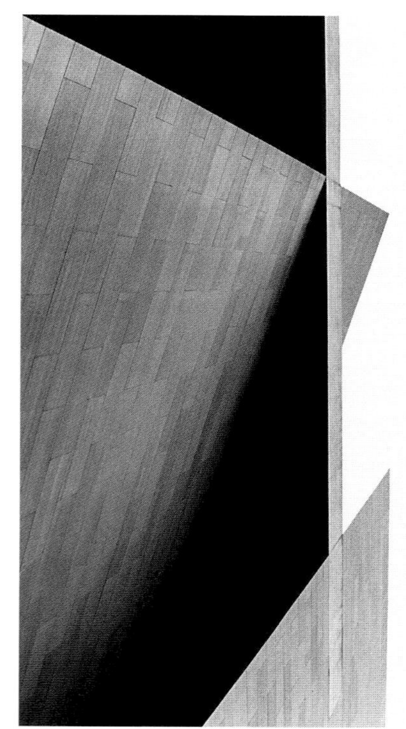

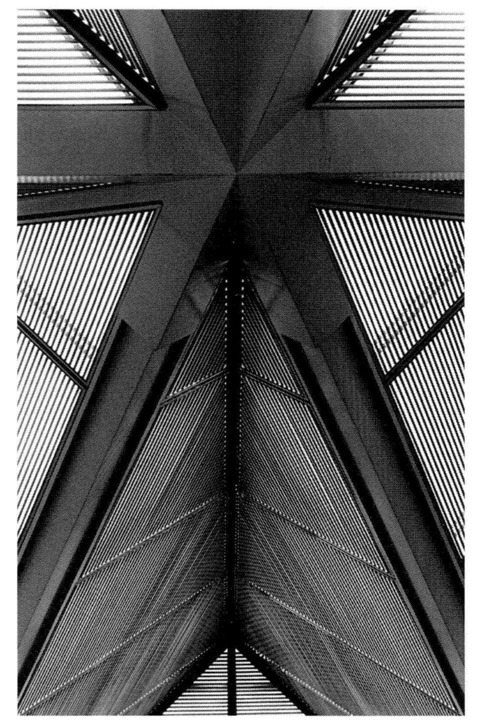

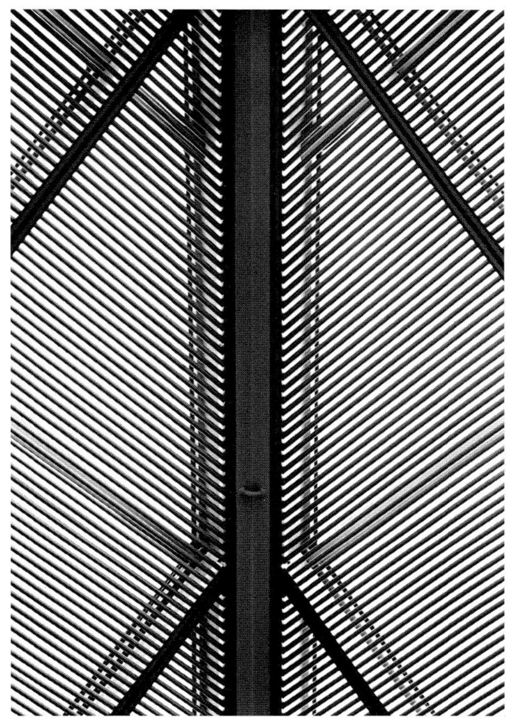

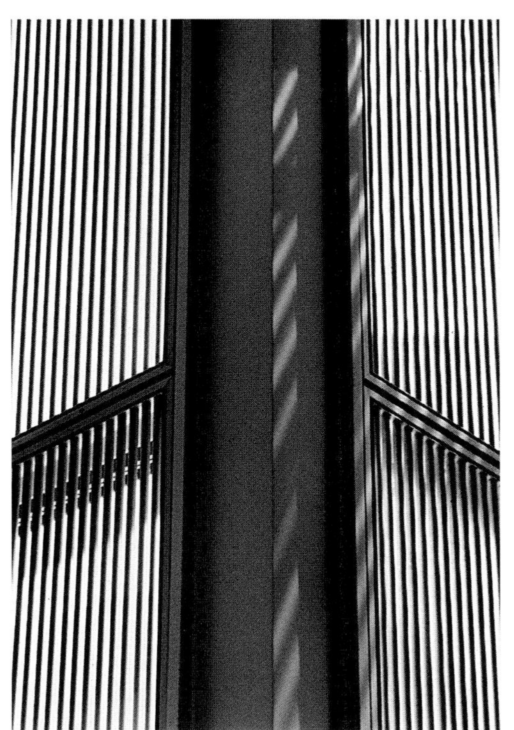

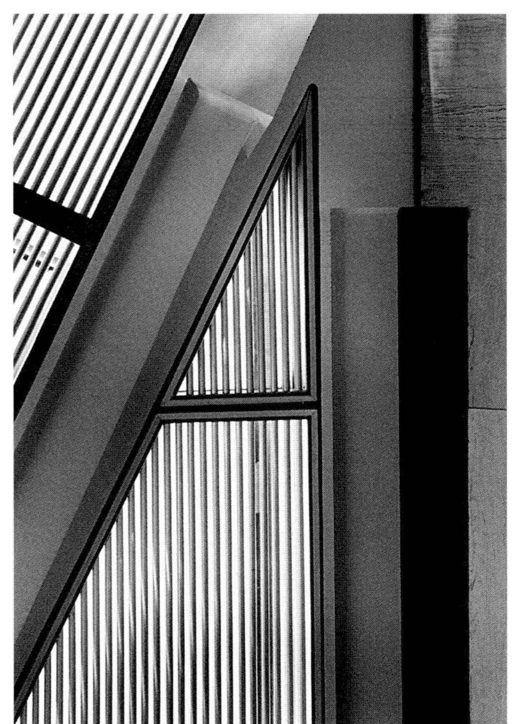

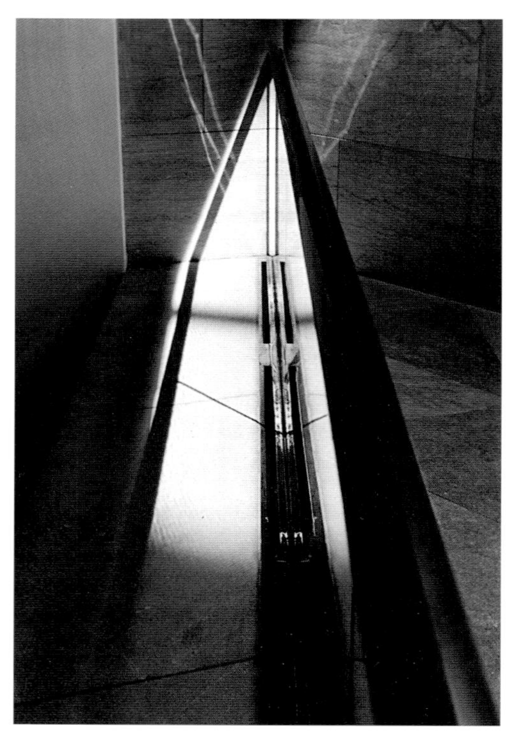

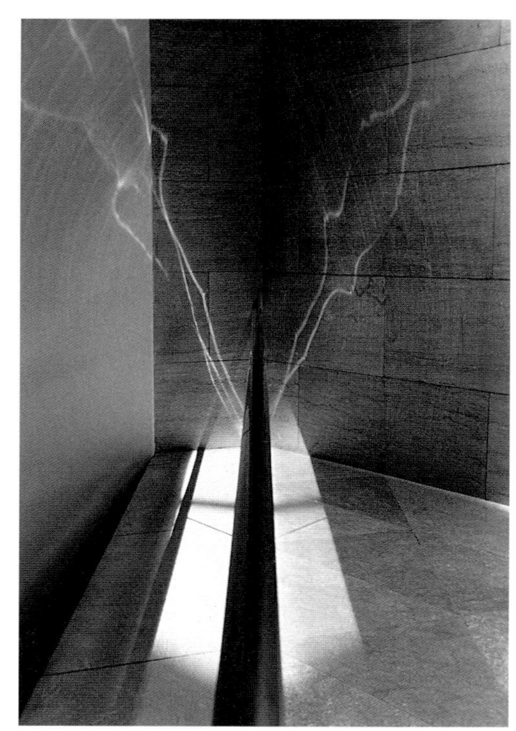

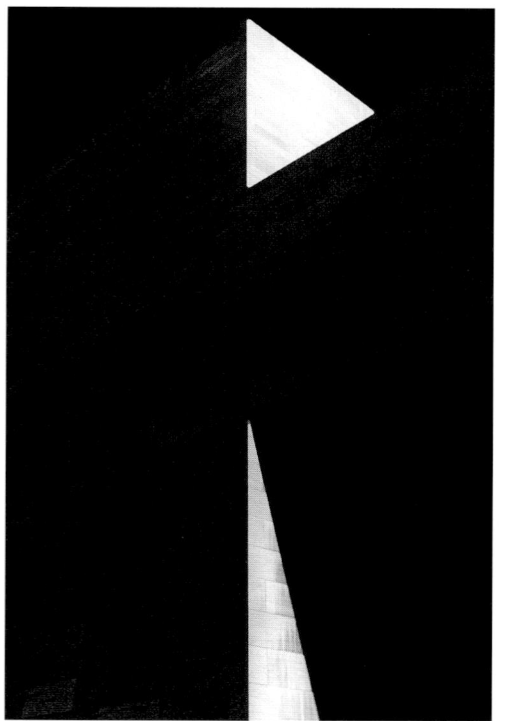

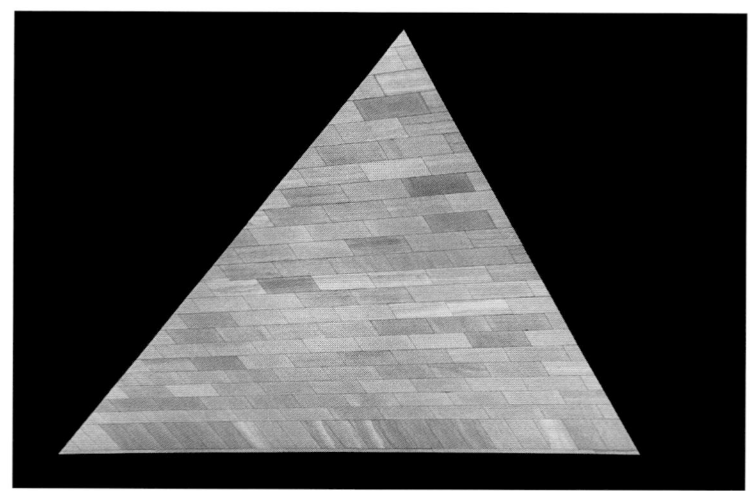

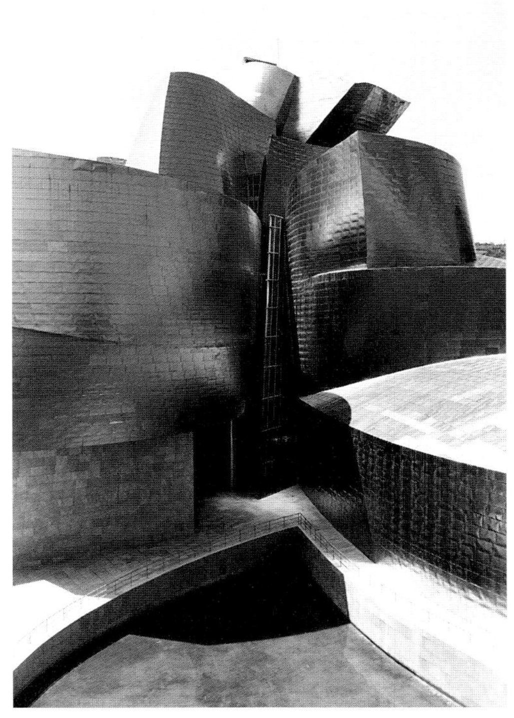

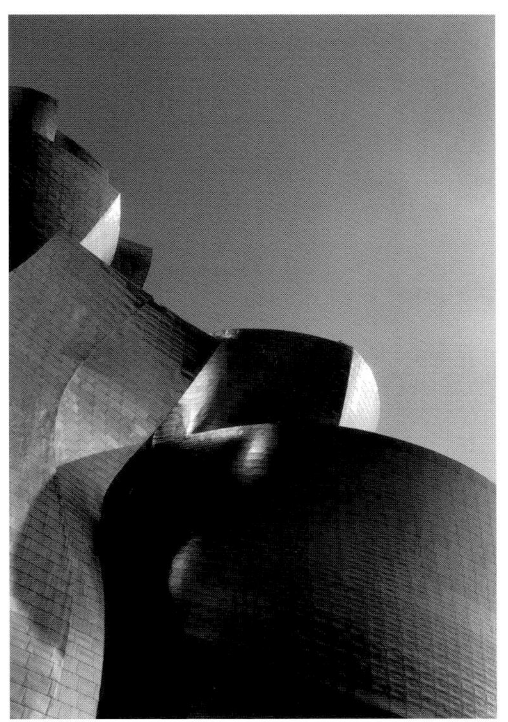

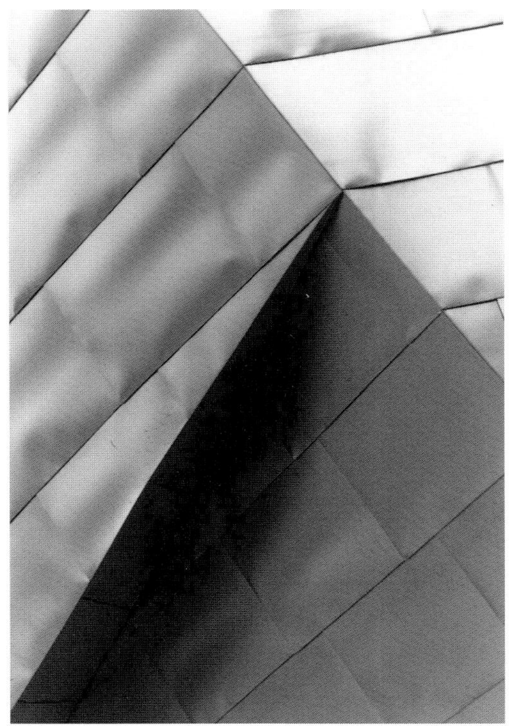

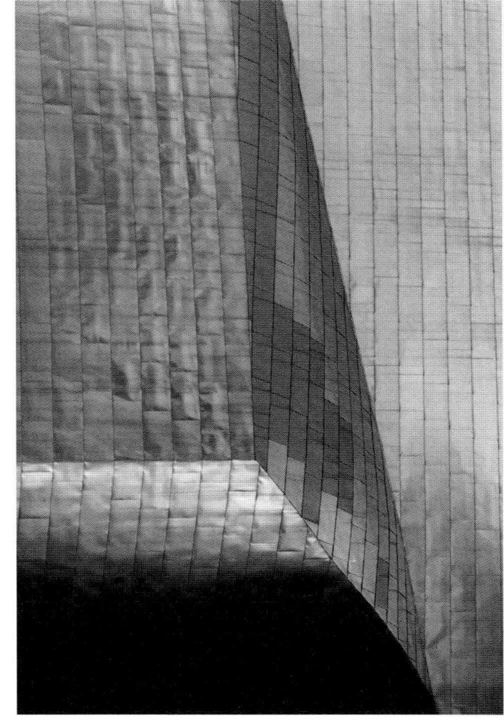

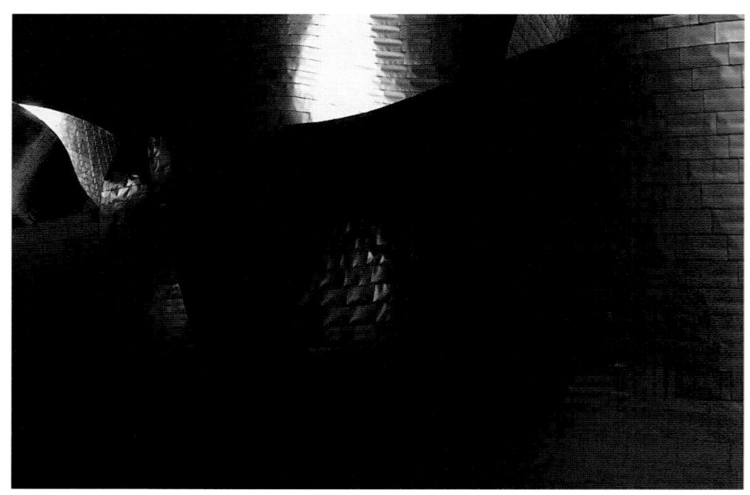
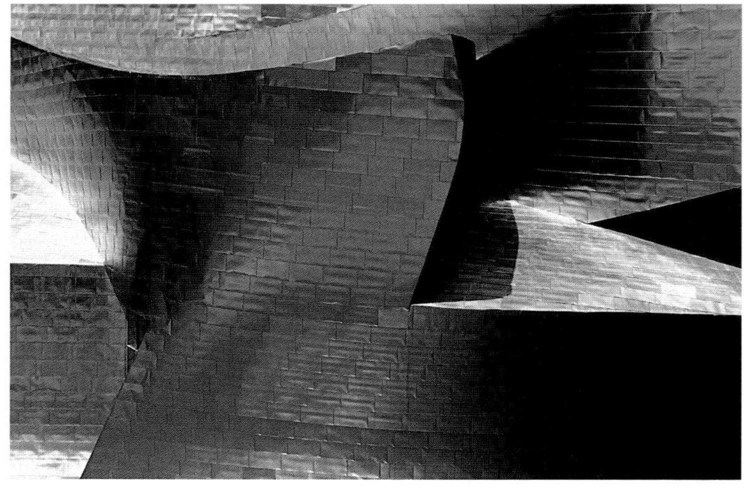
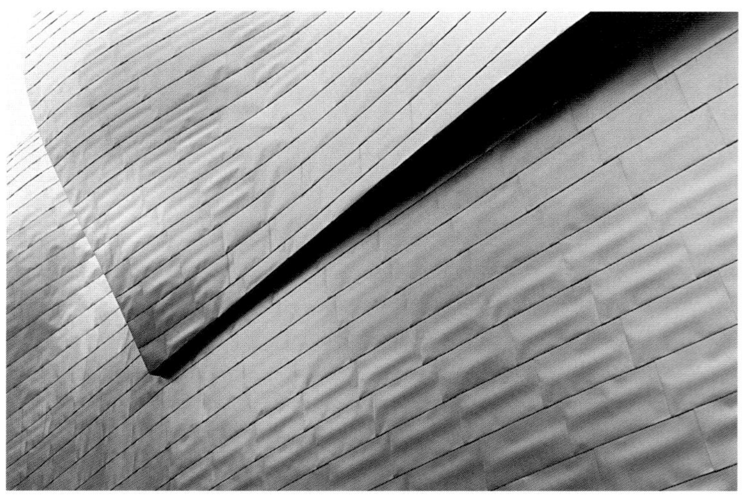
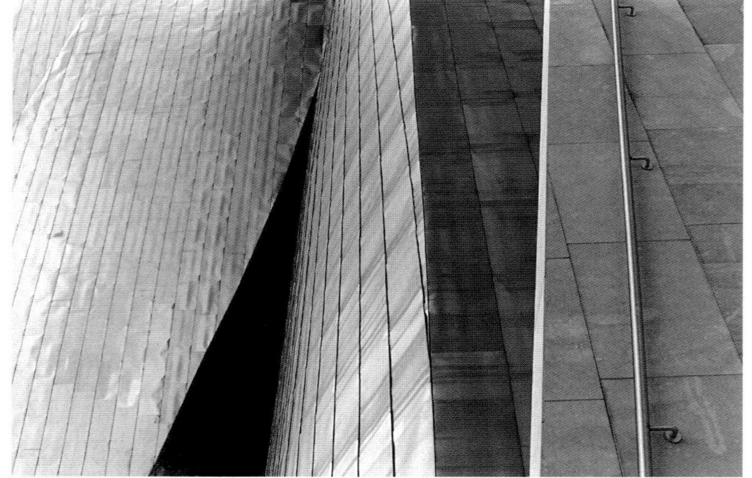

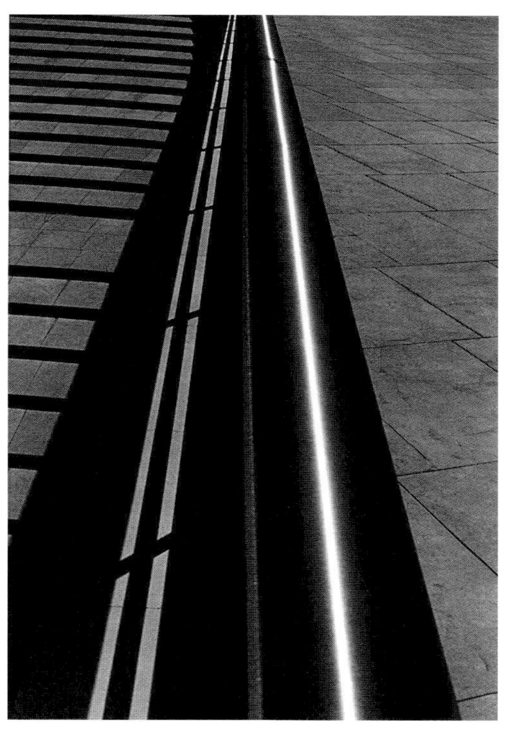

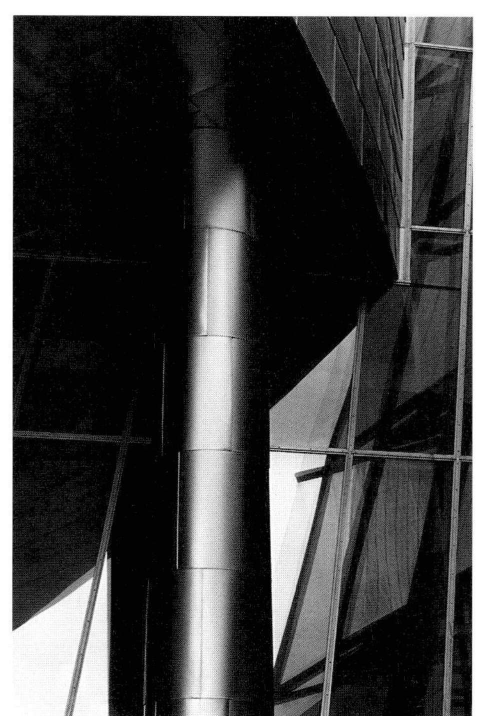

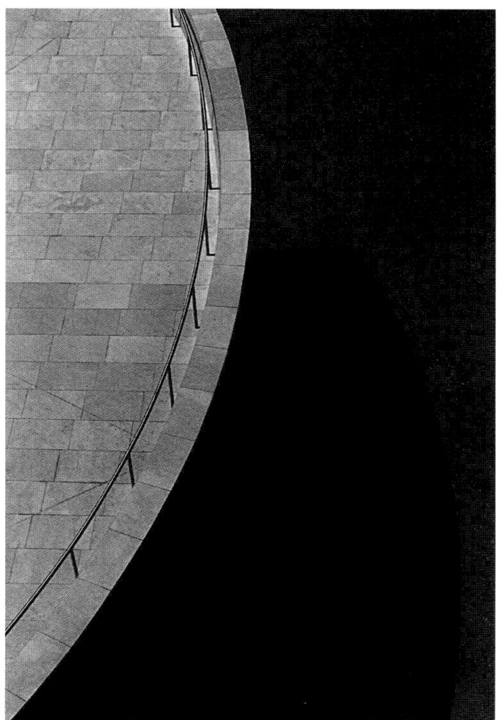

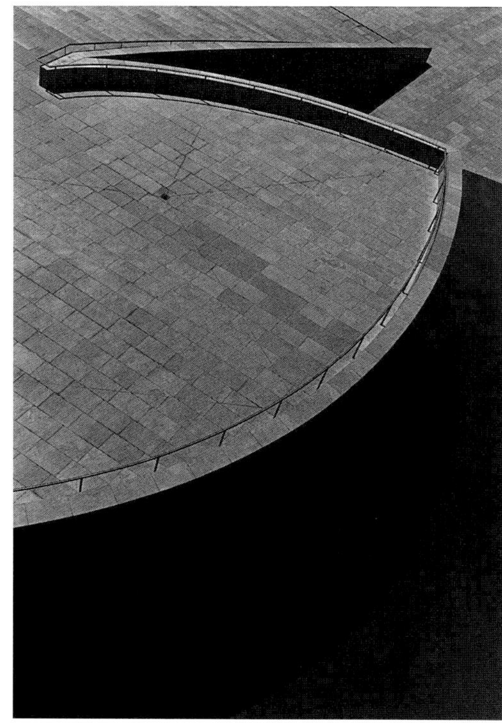

Variazioni sul tema 18/Variations on the theme 18, 1998
p. 70

Variazioni sul tema 14/Variations on the theme 14, 1998
p. 71

East Building National Gallery of Art, Washington

Variazioni sul tema 2/Variations on the theme 2, 1981
p. 72 (in alto a sinistra/top left)

Variazioni sul tema 4/Variations on the theme 4, 1981
p. 72 (in alto a destra/top right)

Variazioni sul tema 5/Variations on the theme 5, 1981
p. 72 (in basso a sinistra/bottom left)

Variazioni sul tema 7/Variations on the theme 7, 1981
p. 72 (in basso a destra/bottom right)

Variazioni sul tema 19/Variations on the theme 19, 1981
p. 73 (in alto a sinistra/top left)

Variazioni sul tema 13/Variations on the theme 13, 1981
p. 73 (in alto a destra/top right)

Variazioni sul tema 28/Variations on the theme 28, 1981
p. 73 (in basso a sinistra/bottom left)

Variazioni sul tema 18/Variations on the theme 18, 1981
p. 73 (in basso a destra/bottom right)

Variazioni sul tema 14/Variations on the theme 14, 1999
p. 74 (in alto a sinistra/top left)

Variazioni sul tema 15/Variations on the theme 15, 1981
p. 74 (in alto a destra/top right)

Variazioni sul tema 8/Variations on the theme 8, 1981
p. 74 (in basso a sinistra/bottom left)

Variazioni sul tema 12/Variations on the theme 12, 1981
p. 74 (in basso a destra/bottom right)

Variazioni sul tema 20/Variations on the theme 20, 1999
p. 75 (in alto a sinistra/top left)

Variazioni sul tema 21/Variations on the theme 21, 1981
p. 75 (in alto a destra/top right)

Variazioni sul tema 25/Variations on the theme 25, 1999
p. 75 (in basso a sinistra/bottom left)

Variazioni sul tema 24/Variations on the theme 24, 1999
p. 75 (in basso a destra/bottom right)

Variazioni sul tema 26/Variations on the theme 26, 1999
p. 76 (in alto a sinistra/top left)

Variazioni sul tema 27/Variations on the theme 27, 1999
p. 76 (in alto a destra/top right)

Variazioni sul tema 33/Variations on the theme 33, 1981
p. 76 (in basso a sinistra/bottom left)

Variazioni sul tema 34/Variations on the theme 34, 1981
p. 76 (in basso a destra/bottom right)

Guggenheim Museum, Bilbao

Variazioni sul tema 4/Variations on the theme 4, 1998
p. 77 (in alto a sinistra/top left)

Variazioni sul tema 7/Variations on the theme 7, 1998
p. 77 (in alto a destra/top right)

Variazioni sul tema 21/Variations on the theme 21, 1998
p. 77 (in basso a sinistra/bottom left)

Variazioni sul tema 20/Variations on the theme 20, 1998
p. 77 (in basso a destra/bottom right)

Variazioni sul tema 22/Variations on the theme 22, 1998
p. 78 (in alto a sinistra/top left)

Variazioni sul tema 26/Variations on the theme 26, 1998
p. 78 (in alto a destra/top right)

Variazioni sul tema 24/Variations on the theme 24, 1998
p. 78 (in basso a sinistra/bottom left)

Variazioni sul tema 27/Variations on the theme 27, 1998
p. 78 (in basso a destra/bottom right)

Variazioni sul tema 32/Variations on the theme 32, 1998
p. 79 (in alto a sinistra/top left)

Variazioni sul tema 15/Variations on the theme 15, 1998
p. 79 (in alto a destra/top right)

Variazioni sul tema 30/Variations on the theme 30, 1998
p. 79 (in basso a sinistra/bottom left)

Variazioni sul tema 29/Variations on the theme 29, 1998
p. 79 (in basso a destra/bottom right)

Apparati / Appendix

Mostre personali / Solo Exhibitions

1980
Fotografia e architettura. Trasfigurazioni, Galleria
Fotografis, Bologna
1982
Photography and Architecture. Transfigurations,
Neikrug Gallery, New York
1983
*New York, architetture. Bell Telephone Building –
Guggenheim Museum*, Galleria Il Diaframma, Milano
Architetture americane, Life Photographers Gallery,
Torino
1984
Guggenheim Museum: Variazioni sul Tema, Centro di
Fotocultura, Castel d'Azzano,Verona
1988
Milano. Metamorfosi di una città, Culture Center of
Athens, Athens
1989
Il Gallaratese, Villa Gargantini, Paderno Dugnano,
Milano
1990
Zen e materia, Spazio espositivo/Showroom, Rossi di
Albizzate, Milano
1991
Architetture, La Brebis Noire, Busto Arsizio, Varese
1998
Whitney Museum. Variations on the Theme,
PhotoArt, New York
2000
*Mu-seum 2000. Bilbao – Kuala Lumpur. Icone del
nuovo millennio*, Galleria Carla Sozzani, Milano
Whitney Museum. Variations on the Theme, Etro
Building, New York
2003
Bilbao – Kuala Lumpur. Icone del nuovo millennio,
Pinacoteca Comunale, Macerata
2004
Mu-seum: 4 musei 4 elementi, Galleria Fotografia
Italiana, Milano

Mostre collettive/Group exhibitions

1981
Sicof, Milano
Galleria Domenicani, Bolzano
1982
Chiostro di Massa Lubrense, Massa Lubrense, Napoli
National Gallery of Aesthetic Arts of China, Beijing
1983
Palazzo Comunale, Belgirate, Novara
Palazzo Lanfranchi, Pisa
Circolo Fotografico Isontino, Gorizia
Mostra itinerante/Traveling exhibition: Shangai,
Lianoning, Hubei, Jiangxi (China);
Art Gallery, Zhelimu (Mongolia)
1984
Centre Georges Pompidou, Paris
Photokina, Koln
1985
Sicof, Milano
Expo Arte Fotografia, Bari
Castello Sforzesco, Milano
Chiostro di San Giovanni, Orvieto
Italian Cultural Center, Koln
Hotel Nikko, Düsseldorf
Public Library, Duisburg
Italian Cultural Center, Stuttgart
Kreissparkasse Bank Gallery, Reutlingen
Befu - World Biennal of Photography, Beograd
1986
Teatro del Falcone, Genova
Fotocine, Salone della Fotografia e della
Cinematografia, Ente Mostra d'Oltremare, Napoli
Palazzo della Gran Guardia, Rovigo
Centro culturale Marino Marin, Adria, Rovigo
Abbazia della Vangadizza, Badia Polesine, Rovigo
Palacio de Minerìa, Mexico City
Museo Regional de Puebla, Puebla, Mexico
1987
Auditorium San Sebastiano, Massa Carrara
Chiesa di Sant'Antonio Abate, Udine
Cascina Grande, Rozzano, Milano
Galleria Hovara Arte, Torino
Casa de Cultura *Laura Alvim*, Rio de Janeiro
1988
Palazzo Arcivescovile, Bari
Biblioteca Comunale, Segrate, Milano
Teatro G. Chiabrera, Savona
Palazzo di San Galgano, Siena
1989
Galleria Civica d'Arte Moderna, Ferrara
1991
Théâtre de l'Agora, Evry, France
1992
Galleria Il Diaframma, Milano
1993
Accademia Carrara, Bergamo
2002
University of Michigan Museum of Art, Ann Arbor
2003
Umanitaria, Milano

Esposizioni / Exhibitions

**Bibliografia selezionata
Selected Bibliography**

Quotidiani-riviste/Newspapers-magazines

1980
Recensione/Review, "Il Resto del Carlino", Bologna,
21 novembre/November
1981
Alberta Gnugnoli, *Patrizia della Porta alla Fotografis
di Bologna*, "Progresso fotografico", n. 9, settembre/
September
Recensione/Review, "Alto Adige", Trento,
1 Ottobre/October
1982
Gene Thornton, *Buildings Seen from Three Different
Perspectives*, "The New York Times", New York,
7 febbraio/February
A.B., *Patrizia della Porta. Neikrug Photographica.
New York*, "Il Corriere della Sera", Milano,
21 febbraio/February
Julie Saul, *Transfigurations. Architectural
Photographs by Patrizia della Porta*, "Express", n. 2,
febbraio/February
Mc Darrah, *Patrizia della Porta*, "The Village Voice",
n. 6, febbraio/February
Palmer Poroner, *Photography and Other Arts*,
"Artspeak", n. 15, febbraio/February
Recensione/Review, "Il Diaframma", nn. 260-261,
febbraio/February-Maggio /May
Recensione/Review, "Ottagono", n. 67,
settembre/September
Alberta Gnugnoli, *Museo come arte*, "Zoom",
settembre/September
1983
A.T., *A volte la realtà cambia aspetto*, "Il Giornale",
Milano, 24 maggio/May
Vittorio Pigazzini, *Dai bianchi e grigi ecco il museo*,
"Arte Bolaffi", n. 130, maggio/May
Roberta Valtorta, *Architetture, spazi, linee*, "Zoom",
n. 31, giugno/June
Recensione/Review, "Life Photograhers", n. 4,
giugno/June
Recensione/Review, "Eco del Verbano", Arona,
21 luglio/July
Recensione/Review, "Il Corriere di Novara", Novara,
25 agosto/August
Luigi Bearzotti, *Fotografare architetture*, "Ottagono",
n. 70, settembre/September
Recensione/Review, "Il Piccolo", Trieste,
8 ottobre/October
Recensione/Review, "Il Messaggero Veneto", Verona,
10 ottobre/October
Foto-grafie di architettura, "Casa Vogue", ottobre/October
1984
Recensione/Review, "Il Nuovo Veronese", Verona,
9 maggio/May
Recensione/Review, "Foto-notiziario", ottobre/October
Recensione/Review, "Fotonews", novembre/November
Recensione/Review, "Il Fotografo", novembre/November
Recensione/Review, 11 donne fotografe, "Il
Diaframma", dicembre/December
1985
Recensione/Review, "Zoom", gennaio/January
Recensione/Review, "La Stampa", Torino,
19 febbraio/February

Recensione/Review, "L'Espresso", febbraio/February
Recensione/Review, "La Gazzetta del Mezzogiorno",
Bari, 7 marzo/March
Recensione/Review, "Infinito", marzo/March
Recensione/Review, "Reutlinger Nachrichten",
Reutlingen, 8 giugno/June
1990
Recensione/Review, "La Notte", Milano, 28
novembre/November
Recensione/Review, "L'Unità", Milano, 29
dicembre/December
Recensione/Review, "Foto-notiziario", n. 41,
dicembre/December
1991
Alessandra Martini, *Patrizia della Porta*, "Prestige",
n. 6, giugno/June
M. A. Palumbo, *Percorrere lo spazio*, "Oggidì", n. 39,
novembre/November
1997
Erica Arosio, *Un'italiana a New York. Per il Whitney*,
"Gioia", n. 42, ottobre/October
Italo Lupi, *Per il Whitney Museum*, "Abitare", n. 367
novembre/November
Silvana Annicchiarico, *Whitney Museum*, "Modo",
novembre/November
Chiara Alpago Novello, *L'italiana al Museo*,
"Glamour", n. 69, novembre/November
Valeria Palumbo, *New York*, "Capital",
novembre/November
Marina Itolli, *Il Whitney Museum sceglie le immagini
di Patrizia della Porta*, "Photo", n. 11,
novembre/November
Laura Caparrotti, *La fotografa dei musei*, "Oggi 7",
n. 49 dicembre/December
Carlo Paganelli, *Fotografia e immagine coordinata*,
"L'Arca", dicembre/December
1998
Recensione/Review, "La Repubblica", Milano,
17 marzo/March
Recensione/Review, "Il Manifesto", Milano,
19 marzo/March
Olga D'Alì, *Ho firmato un museo*, "D" di "La
Repubblica", n. 97, aprile/April
Melisa Garzonio, *Un'italiana al Whitney Museum*,
"È Soprattutto", n. 16, aprile/April
Paolo Ferrario, *Fotografia e architettura*, "Spazio
e Società", n. 83, luglio/July-settembre/September
1999
Cristiana Lopez, *The Architectural Image*, "Italia
Magazine", n. 2, maggio/May
2000
Roberto Mutti, *Della Porta in mostra con le torri
gemelle*, "La Repubblica", Milano, 22 aprile/April
Recensione/Review, "The New York Times",
New York, 30 aprile/April
Antonella Matarrese, *Monumenti in chiaroscuro*,
"Panorama", n. 15, aprile/April
Silvana Annicchiarico, *Visioni sospese*, "Modo",
n. 203, aprile/April
Melisa Garzonio, *Torri e Zen*, "Soprattutto", n. 15,
aprile/April
Olga D'Alì, *Salto nel vuoto*, "D" di "La Repubblica",
n. 196, aprile/April

Recensione/Review, "Daily News", New York,
1 maggio/May
Nelson Mui, *Madison Avenue's Artistic Endeavor*,
"DNR", 1 maggio/May
Remo Binosi, *Mu-seum 2000: Bilbao-Kuala Lumpur*,
"Grazia", n. 17, maggio/May

2002
Recensione/Review, "Il Giornale dell' Arte", n. 210,
maggio/May
Photos Capture Spirit of New York, "Detroit Free
Press", Detroit, 14 luglio/July

2003
Recensione/Review, "Il Resto del Carlino", Bologna,
29 ottobre/October
Recensione/Review, "Vivacity", Ancona, 29
ottobre/October
Recensione/Review, "Il Resto del Carlino", Bologna,
5 novembre/November
Recensione/Review, "Il Resto del Carlino", Bologna,
14 novembre/November
Recensione/Review, "Il Messaggero", Roma,
15 novembre/November

Libri/Books

1980
Patrizia della Porta, *Fotografia e architettura.
Trasfigurazioni*, Fotografis, Bologna
1983
AA. VV., *Calder. Storia di una mostra*, Fabbri, Torino
1984
Philippe Néagu, Jean François Chevrier, *La
photographie d'architecture aux XIXe et XXe siècles*,
in Jean Dethier, *Images et imaginaires
d'architecture*, catalogo della mostra/exhibition
catalogue, Centre Georges Pompidou, Paris
1985
Alberto Satolli, *Orvieto. Il corteo storico*, Comune
di Orvieto
1986
Il Diaframma-Canon, a cura di/edited by, *Chi troppo
e chi niente*, Microart's Edizioni, Genova
1987
Attilio Colombo, *Objetivo Italia. Fotografia
contemporanea Italiana*, Universidad Autonoma
de Puebla, Mexico
1989
Il Diaframma-Kodak Cultura, a cura di/edited by,
Polo donna, Galleria Civica d'Arte Moderna, Ferrara
1993
Attilio Colombo, *Fotografi italiani*, Edizioni Bolis,
Bergamo
1996
Patrizia della Porta, *Zen e materia. O della
manutenzione dello sguardo*, in AA. VV., *Fotografia
e paesaggio. La rappresentazione fotografica del
territorio*, Guerini e Associati, Milano
1999
Patrizia della Porta, in AA. VV., *Su Munari. 104
testimonianze + 152 inediti di Bruno Munari*,
Ed. Abitare Segesta Cataloghi, Milano

2000
Nicolò Leotta, *Photometropolis. Per una sociologia
visuale della città*, Le Vespe, Milano
2002
Carole McNamara, *New York Observed: The
Mythology of the City*, University of Michigan
Museum of Art, Ann Arbor

Interviste e ritratti televisivi/Television interviews and portraits

1984
*Presentazione del lavoro dell'artista/Presentation
of her work*, "Blitz", RAI
1986
*Intevista sull'opera dell'artista/Interview about
her work*, "Moda", RAI
1997
*New York: intervista sul progetto del Whitney
Museum/New York: interview about the Whitney
Museum project*, "Zoom", RAI International
2000
*New York: intervista sulla mostra all'Etro
Building/New York: interview about the exhibition
at the Etro Building*, "Zoom", RAI International
*Intervista sulla mostra all'Etro Building, New
York/Interview about the exhibition at the Etro
Building, New York*, "TG3 Cultura", RAI Tre
2004
*Sulla mostra alla Pinacoteca Comunale di Macerata/
About the exhibition at the Pinacoteca Comunale
in Macerata*, "TG 3 Regione Marche", RAI Tre

Regie video/Directions

1996
Mu as Mu-nari, dedicato a/dedicated to Bruno Munari,
prodotto dalla/produced by the Provincia di Milano
1999
Mastery as Magistretti, dedicato a/dedicated to Vico
Magistretti, prodotto dalla/produced by the Provincia
di Milano
2001
*Della Shoah. Liliana Segre: una testimone/About
Shoah. Liliana Segre: a witness*
Prodotto dalla/produced by the Provincia di Pavia

Patrizia della Porta vive e lavora a Milano e a New York.
Ha compiuto i suoi studi all'Accademia di Brera, alla Facoltà di Lettere e Filosofia dell'Università Statale di Milano e al DAMS (Dipartimento delle Discipline dell'Arte, della Musica e dello Spettacolo) dell'Università di Bologna.
Nel 1969, all'età di quattordici anni, ha vinto il *Parthenon Prize Photo of the World Family* dell'Unesco.
La sua ricerca si concentra sulla rappresentazione fotografica dell'architettura contemporanea e in questo ambito la sua attività si è svolta a New York, Washington D.C., Toronto, Tokyo, Londra, Monaco di Baviera, Berlino, Milano, Bilbao e Kuala Lumpur.
Il suo lavoro ha esplorato le poetiche di maestri dell'architettura quali Frank Lloyd Wright, Ieoh Ming Pei, Frank Gehry, Cesar Pelli, Carlo Scarpa, Kenzo Tange, Renzo Piano e Daniel Libeskind.
Il suo approccio zen all'architettura si muove verso nuove dimensioni e interpretazioni degli edifici ritratti, trasfigurando spazio e tempo.
Nel 1984, in occasione della grande mostra *Images et imaginaires d'architecture: dessin, peinture, photographie, arts graphiques, théâtre, cinéma en Europe aux XIXe et XXe siècles*, che si è tenuta al Beaubourg, Centre Georges Pompidou di Parigi, è stata segnalata come una tra le venti personalità e i professionisti eminenti in questo settore in Europa.
Dal 1993 si è anche occupata di video installazioni e di regie video: nel 1996 ha diretto il video-ritratto dell'artista designer Bruno Munari (*Mu come Mu-nari*); nel 1999 il video-ritratto dell'architetto designer Vico Magistretti (*Maestria come Magistretti*); nel 2001 il video-ritratto di Liliana Segre (*Della Shoah. Liliana Segre: una testimone*).
Nel 1995 il suo portfolio dedicato all'edificio che ospita il Whitney Museum of American Art di New York, progettato da Marcel Breuer, è stato scelto da questa prestigiosa istituzione culturale per creare – in occasione del trentesimo anniversario del museo – una complessa e articolata produzione di oggetti di art-merchandise (sei oggetti: spilla, cartolina, poster, carta telefonica, notecards box, foulard di seta).
Nel 1999 la National Gallery of Art di Washington, D.C., ha acquisito parte del portfolio dedicato dall'artista all'East Building del Museo progettato da Ieoh Ming Pei. Patrizia della Porta è l'unica fotografa italiana, insieme con Giacomo Caneva (1812-1865), a far parte della prestigiosa collezione permanente.
Nel 2002 una foto dell'artista che raffigura il Citycorp Building (1980) è stata selezionata per l'importante mostra *New York Observed: The Mythology of the City* all'University of Michigan Museum of Art insieme ai lavori di grandi maestri come Ansel Adams, Alfred Stieglitz, Paul Strand, Edward Steichen, Karl Strauss, Harry Callahan, Walker Evans, Berenice Abbott, Barbara Morgan, Margaret Bourke-White e Diane Arbus.
Le sue foto sono state battute alle più importanti aste sia negli Stati Uniti che in Europa e si trovano in collezioni pubbliche e private in Europa, Stati Uniti, Cina e Giappone.

Biografie / Biographies

Patrizia della Porta lives and works in Milan and New York.
She attended the Brera Art Academy in Milan, the Literature and Philosophy Department at Milan University, and DAMS (Department of Art, Music and Performing Arts) at Bologna University. In 1969, at the age of fourteen, she won an award from UNESCO for the Parthenon Prize Photo of the World Family.
She specializes in contemporary architecture photography; in this field she has worked mainly in New York, Washington D.C., Toronto, Tokyo, London, Munich, Berlin, Milan, Bilbao, and Kuala Lumpur.
Her work has explored the poetics of such masters of contemporary architecture as Frank Lloyd Wright, Ieoh Ming Pei, Frank Gehry, Cesar Pelli, Carlo Scarpa, Kenzo Tange, Renzo Piano, and Daniel Libeskind.
Her approach to architecture moves toward new dimensions and interpretations of the buildings portrayed, transfiguring space and time.
In 1984, during the exhibition *Images et imaginaires d'architecture: dessin, peinture, photographie, arts graphiques, théâtre, cinéma en Europe aux XIXe et XXe siècles*, held at the Beaubourg, Centre Georges Pompidou in Paris, she received acclaim as one of twenty *eminent praticiens* in Europe in this field.
Since 1993 she has worked on video installation and as a video director: in 1996 she directed a video-portrait of the artist Bruno Munari (*Mu as Mu-nari*); in 1999 a video-portrait of the architect and designer Vico Magistretti (*Mastery as Magistretti*); and in 2001 a video-portrait of Liliana Segre (*About Shoah. Liliana Segre: a witness*).
In 1995 her photo portfolio on Marcel Breuer's Whitney Museum of American Art building in New York was selected by this prestigious institution—on the occasion of its 30th anniversary—for the creation of a complex assortment of art merchandise (6 items: a pin, postcard, poster, telephone card, boxed notecard set, and silk scarf).
In 1999 the National Gallery of Art in Washington, D.C., acquired part of her portfolio dedicated to the National Gallery's East Building designed by Ieoh Ming Pei.
Patrizia della Porta is one of only two Italian photographers, together with Giacomo Caneva (1812–1865), to have work in the permanent collection of that museum.
In 2002 her photo of the Citycorp Building (1980) was selected for the important exhibition *New York Observed: The Mythology of the City* at the University of Michigan Museum of Art. It was exhibited alongside works of such influential masters as Ansel Adams, Alfred Stieglitz, Paul Strand, Edward Steichen, Karl Strauss, Harry Callahan, Walker Evans, Berenice Abbott, Barbara Morgan, Margaret Bourke-White, and Diane Arbus.
Her photos have been in important auctions in the United States and Europe and are in private and public collections in Europe, United States, China, and Japan.

Paolo Castelli è laureato presso il DAMS (dipartimento delle Discipline dell'Arte, della Musica e dello Spettacolo) di Bologna, indirizzo Comunicazione e Spettacolo.
Ha svolto e svolge attività di ricerca e di sperimentazione nel campo dell'educazione all'immagine e ai media audiovisivi.
Per la Regione Lombardia, dal 1992 al 2000, è stato curatore e produttore esecutivo della collana di sei pacchetti multimediali e interattivi di didattica del cinema *Arrivano i video: il linguaggio del cinema (Lo sguardo immaginario, lo spazio immaginario, il tempo immaginario, il suono immaginario, il cinema immaginario, il cinema di animazione)*.
Ha inoltre diretto i video: *Ridleygrams* (1990); *Library Runner: biblioteche e bibliotecari nell'immaginario cinematografico* (1991); *Il buio amoroso: spettatori e sale nell'immaginario cinematografico* (1994); *Del visibile e dell'invisibile. La Shoah nell'immaginario cinematografico* (2002).
Con Patrizia della Porta ha lavorato per i video-ritratti di: Bruno Munari (*Mu come Mu-nari*, 1996); Vico Magistretti (*Maestria come Magistretti*, 2000); Liliana Segre (*Della Shoah. Liliana Segre: una testimonianza*, 2001).
È stato cultore della materia per la cattedra di Scenografia presso la Facoltà di Architettura di Milano e ha curato i progetti *L'occhio dell'architetto* e *Arch/angeli*. Nel 2003 ha collaborato al Master in Movie Design.
Per il Museo Petit Palais di Avignone ha curato la video-installazione *Poussiére d'anges – Polvere d'angeli* (Avignone, Giugno-Settembre 1998).
Nel 2001-2002 ha elaborato un progetto e un piano di fattibilità, richiesti dalla Regione Lombardia, relativi alla creazione a Milano di uno spazio dedicato all'educazione ai media audiovisivi per l'infanzia e l'adolescenza denominato *Medi@ Education Space. Il parco dei sensi incrociati*.
È direttore esecutivo del B.A. Film Festival.

Paolo Castelli graduated from the University of Bologna DAMS (Department of Art, Music and Performing Arts) with a major in Communications and Performing Arts.
He has conducted research and experimentation in the field of image and audio-visual media education.
From 1992 to 2000 he was editor and executive producer for a series of six didactic multimedia and interactive packages on cinema for the Lombardy Region: *Arrivano i video: il linguaggio del cinema (Lo sguardo immaginario, lo spazio immaginario, il tempo immaginario, il suono immaginario, il cinema immaginario, il cinema di animazione)*.
In addition, he directed the videos: *Ridleygrams* (1990); *Library Runner: biblioteche e bibliotecari nell'immaginario cinematografico* (1991); *Il buio amoroso: spettatori e sale nell'immaginario cinematografico* (1994); *Del visibile e dell'invisibile. La Shoah nell'immaginario cinematografico* (2002).
He worked with Patrizia della Porta on video-portraits of: Bruno Munari (*Mu as Mu-nari*, 1996); Vico Magistretti (*Mastery as Magistretti*, 2000); and Liliana Segre (*About Shoah. Liliana Segre: a witness*, 2001).
He has given his expertise and support to the course on Set Design at the University of Milan, Faculty of Architecture. He was also responsible for the projects *L'occhio dell'architetto* and *Arch/angeli*. In 2003 he collaborated on a Master's program in Movie Design.
He curated the video installation *Poussiére d'anges – Polvere d'angeli* for the Musée du Petit Palais in Avignon (June–September, 1998).
In 2001–2002 he devised a project and a feasibility study, requested by the Lombardy Region, regarding the creation in Milan of a space dedicated to audio-visual media education for children and adolescents called *Medi@ Education Space. Il parco dei sensi incrociati*.
He is executive director of the B.A. Film Festival.

Per saperne di più su Charta
ed essere sempre aggiornato sulle novità, entra in

To find out more about Charta,
and to learn about our most recent publications, visit

www.chartaartbooks.it

Finito di stampare nel mese di luglio 2004
da Leva spa, Sesto San Giovanni
per conto di Edizioni Charta